A Timéo et Lilia,
à Gaspard, Célestine, Emile et Nino,
S.K.

Conseiller biblique : Jacques Nieuviarts
Graphisme : Chloé du Colombier
Enregistrement, montage et mixage : La Boîte d'Œufs Production, Polygone Studios
Lettrages : Nathalie Tousnakhoff

18, rue Barbès - 92128 Montrouge Cedex
ISBN : 978-2-7470-3487-6
Dépôt légal : juillet 2010
Loi 49-956 du 16 juillet 1949 sur les publications destinées à la jeunesse
Imprimé en Chine - Juillet 2016

Raconte-moi la Bible

Textes de Martine Laffon
illustrés par Simon Kroug
lus par Jacques Gamblin

bayard jeunesse

Sommaire

Ancien Testament

Nouveau Testament

CD1
piste 01

AU COMMENCEMENT

Écoute, écoute ces paroles très anciennes
qui parlent du monde, des hommes, de toi, de moi, de Dieu.
Parfois elles chantent, dansent ; parfois elles pleurent, crient,
se font tendres, guerrières, joyeuses, aimantes.
Ce qu'elles racontent, c'est la longue,
longue aventure des hommes avec Dieu.

Alors, si l'on commençait par le commencement, le début de l'histoire, celui des toutes premières paroles de Dieu.
Celles pour créer la lumière, le ciel, l'eau, la terre, les étoiles et le soleil, tout ce qui grouille, tout ce qui vole, les petites bêtes et les grandes.
Avant que Dieu dise : « Qu'il y ait de la lumière ! », on ne voyait rien, tout se confondait dans le noir d'une grande nuit. C'était le vide…
Il n'y avait pas le plus petit brin d'herbe, le plus petit arbre pour chatouiller la terre de ses racines. C'était le désert. Pas un oiseau dans le ciel pour réveiller le soleil, pas un poisson dans l'eau pour faire des ronds sous la pluie. Pas un homme, ni une femme, ni un enfant qui riaient d'être ensemble.
Rien, c'était le vide et le désert.

Dieu dit ce qu'il a à dire et, par sa parole, il crée l'univers. Mais il n'y a personne avec lui pour le regarder, pour s'écrier : « C'est beau ! » Alors, Dieu ramasse un peu de poussière rouge du sol. Elle brille, légère dans ses doigts. Il y ajoute un peu d'eau, peut-être la rosée du premier matin qui glisse sur les feuilles. Puis il pétrit la terre humide, l'étire, la façonne, petite statue en forme d'homme.

Deux yeux, deux oreilles, un nez, une bouche, deux bras, deux jambes, cela fait dix.

– Que l'homme me ressemble ! dit Dieu en soufflant dans les narines du petit homme de terre blotti là, entre ses mains.

Et l'homme soudain respire, une fois, deux fois, dix fois. Il est vivant comme toi, comme moi.

Alors Dieu, tout doucement, chuchote son nom à l'oreille de l'homme, où sont encore accrochés quelques grains de poussière.

Cet homme, on l'appellera Adam, en souvenir du mot *adama*, qui veut dire « la terre ».

Le voilà donc, Adam, l'homme, sur ses deux pieds, tout petit quand même, face à Dieu. Il se frotte les yeux comme s'il venait de se réveiller. Et c'est drôle de le voir s'étirer.

Bientôt, il marche, il court. Il saute dans les herbes sauvages, trempe son pied dans les ruisseaux, sent les fleurs de jasmin, cueille une figue et la mange… d'une seule bouchée.

Dieu rit. C'était une bonne idée de planter un grand jardin pour Adam du côté du soleil levant, à l'orient.

Mais quand il a fini de faire le tour du jardin, de regarder les colombes boire dans les bassins, Adam se sent bien seul. Les lions vont avec les lionnes, les renards avec les renardes, les tourterelles aussi vont par deux. Assis sous un bougainvillier, Adam pousse un grand soupir, si fort qu'il arrive à l'oreille de Dieu.

– Ah ! se dit Dieu. En voilà un tout seul qui s'ennuie !

Et Dieu a beau faire défiler toutes les bêtes de la création pour qu'Adam leur donne un nom, le dernier limaçon passé, Adam soupire encore.

Alors, Dieu dit :
– Je vais lui donner une compagne qui lui ressemble.
Alors Dieu endort Adam, d'un profond sommeil. Pendant qu'Adam rêve la bouche ouverte, Dieu prend tout doucement une de ses côtes et la façonne à son idée. À la vérité, c'est un chef-d'œuvre ! Dieu rit :
– C'est très réussi !

Et son rire réveille Adam, qui se trouve nez à nez avec qui ?
Une femme !
– Mon Dieu, qu'elle est belle ! Viens donc, ma bien-aimée, dit Adam.
Ma colombe, montre-moi ton visage, fais-moi entendre ta voix !

– Oh ! pense Dieu. Un vrai coup de foudre !
Qu'ils soient heureux, ces deux-là,
et s'aiment comme je les aime !

Ainsi commence le monde,
ainsi commence la vie de l'Homme,
par une histoire d'amour.

Tout se passe bien dans le jardin de Dieu, tout est parfait.
Que font Adam et Ève ? Tous les deux, ils redressent un figuier par-ci, ramassent des olives par-là, cueillent des narcisses. Et aussi, ils s'amusent à jeter des cailloux dans l'eau pour faire des ronds et ils courent comme des enfants.

Un jour, pourtant, ils vont devenir grands et quitter le jardin. Dieu le sait bien.

Les aurait-il créés seulement pour qu'ils se poursuivent toute la journée et fassent des traces de pieds partout dans les allées ? Dieu voit grand pour l'homme et pour la femme, plus grand que son jardin. Il les veut capables de décider de leur vie, de choisir seuls leur chemin, avec ou sans lui.

Au milieu du jardin, deux arbres sont plantés : l'arbre de vie et l'arbre de la connaissance des choses bonnes et des choses mauvaises. Celui-là, il ne faut pas y toucher, car ses fruits sont dangereux et mortels. Dieu le sait bien. Il vaudrait mieux pour Adam et Ève qu'ils n'approchent pas de cet arbre-là, et qu'ils ne goûtent pas ses fruits. Dieu le leur a dit.

Mais voilà, il y a le serpent, celui qui a le mauvais rôle dans l'histoire. Le serpent leur raconte des mensonges :

– Mais bien sûr que non, vous ne mourrez pas si vous mangez du fruit de cet arbre-là ! Ce qui arrivera, c'est que vous serez comme des dieux tout-puissants. Je vous le promets, parole de serpent. Allez, allez, mangez-en !

– Dieu nous l'a interdit, répondent Adam et Ève. Nous n'en mangerons pas.
– Mais enfin, vous avez le droit de faire ce que vous voulez ! insiste le serpent. Regardez : ces fruits sont délicieux, bien juteux, mûrs à point ! Vous ne trouvez pas ? Interdit ? Mortel ? Et puis, connaître tout, le début et la fin de l'histoire, c'est tentant, non ?
– Alors, juste un petit peu, dit Ève.
– Juste une petite bouchée pour goûter, reprend Adam.

Mais soudain le fruit, dans leur bouche, leur agace les dents. Il est amer, et son jus, noir comme la souffrance, la douleur et la mort. Il est amer comme la solitude, la guerre et l'oppression des faibles par les forts… Voilà ce qu'ils éprouveront. Dieu le sait et il est triste.

Mais ils connaîtront aussi les choses bonnes, comme les jeux des enfants, les sourires, les baisers tendres et les mains que l'on tend. Voilà ce qu'ils partageront. Dieu le sait, lui qui les a créés pour qu'ils soient capables d'aimer.

Alors, au milieu de leur cœur tout neuf qui palpite déjà comme un jardin, il plante en secret une graine, une toute petite graine.
Elle poussera, cette graine, elle deviendra un arbre où les oiseaux du ciel chanteront et feront leur nid. Et qui sait si, par une nuit trop sombre, le serpent ne cherchera pas dans ses plus hautes branches un rien de lumière ?

Ainsi vont les hommes et les serpents. Ainsi va la vie.
Quant à Dieu, lui, il n'oubliera jamais qu'Adam et Ève ont été dans son jardin ses tout-petits, ses bien-aimés.
En partant du paradis, qu'ils emportent avec eux cette petite graine d'amour divin !

LES DEUX FRÈRES : CAÏN ET ABEL

Le temps passe comme les saisons,
Adam et Ève ont eu un enfant, Caïn,
et puis un autre, Abel. Et Dieu tous les deux
les a bénis. Ils ont grandi en frères,
cherchant les points d'eau pour les troupeaux
de leur père, cueillant les premières figues
sauvages pour leur mère.

CD1
piste 02

MAINTENANT, CAÏN EST ASSEZ FORT pour cultiver le sol, pour tracer de beaux sillons bien droits. Près du campement, il a semé de l'orge et du lin ; l'année prochaine, il plantera une parcelle de blé sur le coteau ensoleillé. Abel, lui, s'occupe de son petit troupeau de chèvres et de moutons. Il le mène de pâturage en pâturage à la recherche d'herbe grasse. Le soir, il rassemble ses bêtes.

Et les deux frères, lorsqu'ils sont réunis, se disent souvent :

– Béni soit Dieu, qu'il nous donne de beaux épis et de robustes bêtes.

Ainsi vont les saisons. Vient le temps des récoltes pour Caïn et de la mise bas des brebis pour Abel. La récolte est bonne, le troupeau s'agrandit.

– Il est juste de remercier Dieu, se disent les deux frères.

Comme le font depuis toujours leurs parents, Caïn offre à Dieu ses plus belles gerbes d'orge et Abel, le premier-né de ses agneaux.

– Que Dieu nous soit favorable, qu'il protège notre travail et nos troupeaux, chantent les deux frères, et leur chant est léger.

Mais soudain Caïn prend peur. Si Dieu préférait les offrandes d'Abel ? S'il préférait les agneaux gras aux épis bien dorés ? Il est triste, Caïn, et son visage se ferme.

Dieu a entendu le chant léger et la peine si brusque. Il voit Caïn pensif, tête baissée. Alors Dieu s'approche de lui et lui demande :
– Qu'as-tu, Caïn ?
Mais lui ne répond rien.
Ensuite, que se passe-t-il ? Comment Caïn attire Abel loin du campement ? Lui fait-il croire qu'une bête est perdue ?

Caïn entraîne Abel. Abel le suit, confiant. Mais soudain, Caïn le frappe à la tête, il le frappe avec une pierre noire, ramassée en chemin. Abel s'écroule, le visage ensanglanté, il ne crie pas. Il meurt en silence, Abel le berger, sous les coups de son frère.

Dieu arrive, mais trop tard. Caïn a déjà enterré le corps à la hâte. Dieu lui demande :

– Où est ton frère ?

Et Caïn est désespéré d'avoir douté de Dieu. Il est anéanti par sa propre violence et répond, la bouche amère :

– Je ne sais pas ! Suis-je le gardien de mon frère ?

Mais Dieu insiste :

– Qu'as-tu fait de ton frère ? J'entends son sang répandu sur le sol qui crie vers moi. Va-t-en ! Pars ! Ne te retourne pas. Partout où tu iras, la nuit, le jour, tu entendras mon cri :
« Qu'as-tu fait de ton frère ? » pour que tu t'en souviennes, jusqu'au fond de ta chair.

La nuit approche, Adam et Ève sont inquiets de ne pas voir leurs enfants revenir au campement. Que s'est-il passé ? Quelque chose de terrible…

Ils pleurent longtemps la mort d'Abel et le geste fou de Caïn, sans jamais être consolés. Mais Dieu voit leurs larmes. Un jour, ils serreront dans leurs bras un autre enfant, leur dernier-né, Seth. Seth aura un fils à son tour, et son fils, un fils…

Ainsi va la vie, ainsi vont les saisons,
ainsi va la violence des hommes
et le grand cri de Dieu :
« Qu'as-tu fait de ton frère ? »

Noé le juste et le déluge

Le temps a passé.
Maintenant, les hommes peuplent la Terre,
moissonnent le blé et plantent des oliviers.
Et, tandis que les bœufs travaillent à fouler le grain,
les petits ânes trottent sur les chemins,
ici et là, on bâtit des maisons de terre…
Voici l'histoire de Noé, le juste,
descendant de Seth, le dernier fils d'Adam.

CD1
piste 03

Un jour, Dieu en a vraiment assez des hommes : partout, à l'ouest, à l'est, au nord, au sud, ce ne sont que crimes, violences, guerres, mensonges, oppressions.

– Mieux vaut tout détruire, se répète-t-il. Les bêtes, les bestioles, les oiseaux et les hommes. Cela ne peut plus durer !

Sur la Terre, pourtant, il y a un juste qui aime et respecte Dieu.

C'est Noé. Et Dieu se demande :

– Est-ce que je peux tout détruire sans trahir Noé, lui qui me fait confiance ?

Dieu réfléchit. Pourquoi s'est-il trompé ainsi sur les hommes ?

Est-ce qu'un seul juste peut sauver l'humanité ?

Dieu réfléchit toute la nuit.

Au petit matin, il prévient Noé :
– Je vais envoyer sur la Terre un immense déluge. Tous les hommes seront noyés sur son passage.
Noé a peur, car Dieu a l'air bien décidé à tout submerger.
– C'est à cause de leur violence, reprend Dieu. Ça ne peut plus durer. Mais toi, Noé, n'aie pas peur, je te sauverai parce que tu es sage et juste. Je prendrai soin de toi et tu vivras.
Noé, à vrai dire, ne comprend pas toutes les paroles de Dieu, mais il fait exactement ce qu'il lui a demandé.

Il doit construire une arche immense à trois ponts : un pont pour les bêtes qui volent, un pour celles qui nagent, un pour celles qui galopent. Et les bêtes qui rampent ? Elles se faufileront dans les coins. Et les bêtes qui grimpent ? Elles grimperont juste en-dessous du toit !

– On va être serrés, pense Noé. Et puis, ce n'est pas si facile de fabriquer ce bateau ! J'ai peut-être le temps de prévenir mes voisins, qui préviendront leurs voisins de cette catastrophe à venir. Si tout le monde regrette d'avoir été violent, Dieu oubliera son terrible déluge !

Vite, Noé prévient tout le monde. Mais personne ne veut le croire et l'on se moque de lui.

– Un déluge ? Nous avons des murailles pour contenir les inondations.

Noé fait ce qu'il peut pour leur dire que l'eau emportera tout sur son passage à cause de leur violence. Mais eux rient de plus belle :

– Allez, Noé, construis ton arche et laisse-nous à nos affaires !

Noé ne sait plus quoi faire, Dieu a raison : les hommes sont odieux !

Noé regarde le ciel, de gros nuages noirs s'amoncellent. Ses trois fils ont beau l'aider, ce n'est pas facile de faire monter toutes ces bêtes dans l'arche. Le vent se lève, le tonnerre gronde.

– L'arche est au complet ! dit Dieu.

Et Noé ferme vite la porte.

Aussitôt, des pluies torrentielles s'abattent sur la Terre, les eaux montent rapidement. Elles arrachent tout sur leur passage, les hommes, leurs murailles et leurs maisons. La Terre n'est plus qu'un immense océan.

À l'intérieur de l'arche, on a peur. On entend le bruit assourdissant de la pluie sur le toit et des vagues immenses qui cognent contre la coque. Noé prie Dieu :

– Mon Dieu, où es-tu ? Sauve-nous !

Sa prière arrive à l'oreille de Dieu, et Dieu assèche la Terre d'un bon coup de vent du sud. L'arche s'échoue, enfin. Mais Noé n'ose pas encore ouvrir la fenêtre. On ne sait jamais. Au bout de quarante jours, Noé n'y tient plus. Il ouvre et envoie une colombe faire un tour d'inspection. Il fait presque nuit lorsqu'elle revient, un rameau d'olivier dans le bec. L'eau a baissé jusqu'aux arbres, mais on ne peut pas descendre de l'arche, ce serait trop dangereux. Noé attend encore sept jours.

– Que fait Dieu ? se demande-t-il.

Au petit matin du huitième jour, Dieu arrive enfin :
– Noé, tu peux sortir avec ta famille, et les bêtes aussi.
C'est la bousculade à qui sortira le premier. Et Dieu est si content de revoir ses créatures qu'il rit de bon cœur !
Alors Dieu promet :
– Noé, il n'y aura plus de déluge ! Regarde, là-bas, cet arc-en-ciel. C'est le signe de ma bonne volonté, c'est une alliance entre la Terre et le Ciel, entre toi et moi.

Noé est soulagé et, déjà, il se met à rêver. Il va reconstruire une maison pour lui, sa femme, ses fils et leurs épouses. Et bientôt, il l'espère, il verra courir ses petits-enfants entre les plants de sa nouvelle vigne. Quant aux bêtes, qu'elles rentrent chez elles !

Dieu connaît le rêve de Noé.
Ses fils, Sem, Cham et Japhet auront des enfants
qui auront à leur tour des enfants.
Et un jour naîtra Abram, descendant de Sem,
qui, selon le désir de Dieu, se nommera Abraham.
Mais c'est une autre histoire…

La longue marche d'Abraham

CD1
piste 04

On raconte qu'à Ur, en Chaldée,
une comète apparut dans le ciel
au moment de la naissance d'Abram.
Les astrologues prédirent
un grand destin pour le nouveau-né
et de nombreux descendants.
Bien des années plus tard, Abram se marie
avec Saraï. Mais les saisons passent
et ils n'ont pas d'enfants.

– MARCHE, JE FERAI DE TOI un grand peuple. Marche, je te bénirai et ton nom sera grand.
Sur la route, Abram se répète sans cesse les paroles de ce Dieu qui lui a parlé. Il lui a dit de quitter son pays pour un autre pays. Mais où ?
Sur son petit âne, Saraï, sa femme, est triste. Ce n'est pas facile de tout quitter ! Quelques hommes de son clan l'ont suivi avec leurs troupeaux de chèvres et de moutons.
Et tous marchent, la nuit, le jour ; et un matin, ils arrivent enfin à Sichem, au pays de Canaan.
– C'est là ! dit Dieu.
– C'est là ! dit Abram.
Et ils installent leur campement.

Les saisons passent. Saraï n'a toujours pas d'enfant. Un soir, elle retrouve Abram sous sa tente et lui dit :
– Comme le veut la coutume, puisque tu n'as pas de descendant, prends pour femme Agar, ma servante égyptienne. Grâce à elle, j'aurai peut-être la joie de bercer un bébé.

Quelques mois plus tard, Agar attend un enfant d'Abram. Saraï est si jalouse qu'elle maltraite sa servante. Agar s'enfuit, mais où aller ? Elle est si fatiguée…

Dieu lui dit :
– Retourne au campement, Agar, tu auras un fils et tu l'appelleras Ismaël…
Le bébé naît par une belle nuit étoilée. Et Abram le nomme Ismaël, ce qui veut dire « Dieu a entendu ». Il est heureux et fier d'avoir enfin une descendance. Les femmes poussent des cris de joie. Seule sous sa tente, Saraï pleure de ne pas être mère. Et Dieu l'entend…

Bien des mois plus tard, Abram fait un songe en dormant. Dieu lui apparaît et lui dit :

– Je suis ton Dieu, celui qui t'a fait quitter ton pays natal, celui qui a marché avec toi, avec ton clan et tes troupeaux. Lève-toi ! Sors de ta tente et regarde le ciel : ton destin ne dépend pas des étoiles. Aie confiance en moi. Je te donne cette terre de Canaan où tu as établi ton campement, je te la donne à toi et à tes descendants… Bientôt eux aussi, comme moi, ils t'appelleront Abraham, ce qui veut dire « père d'une multitude ». Sois-moi fidèle. Marche, Abraham, marche à mes côtés ! Je suis ton Dieu.

Mais Abraham n'a qu'un fils, cela ne fait pas beaucoup pour une multitude. Dieu sait ce que pense Abraham, alors il lui dit :
– Désormais, tu appelleras ta femme Sara, ce qui veut dire « princesse ». Elle aura un fils, Isaac, et de ses descendants naîtront des rois.
Au petit matin, Abraham court vers Saraï, qui cuit des galettes d'orge sur les pierres chaudes.
– Dieu m'a donné un autre nom, lui annonce-t-il. Abraham, « père d'une multitude », car nous aurons de nombreux descendants. Et toi, ton nom sera Sara.
Mais Sara ne lui répond pas.

La saison sèche arrive, il fait chaud. Abraham se repose sous sa tente quand trois étrangers arrivent au campement. D'où viennent-ils ? Ils n'ont ni âne ni chameau ! Abraham, méfiant, leur accorde pourtant l'hospitalité, selon la tradition.

– Étrangers, vous êtes chez vous sous ma tente ! Que l'on apporte une cruche d'eau pour laver la poussière de leurs pieds.

Abraham demande à Sara :

– Pétris des galettes et dis aux serviteurs de préparer ce qu'il faut ! Des étrangers m'ont demandé l'hospitalité.

À l'ombre d'un grand chêne, ils mangent et se reposent. Soudain, le plus âgé interroge Abraham :
– Où est ta femme ?
Abraham s'inquiète, que lui veut-il ? Il est sur ses gardes.
– Elle est sous ma tente, loin du regard des hommes, répond-il, offensé.
– Eh bien, reprend l'étranger, je reviendrai l'année prochaine et ta femme aura un fils !
Abraham ne dit rien, mais il se souvient de la promesse de Dieu.

Sous la tente, Sara a tout entendu. Elle rit doucement en elle-même :
– Comment pourrais-je être enceinte ? Je ne suis plus d'âge à avoir un enfant !
– Pourquoi ta femme rit-elle en pensant qu'elle n'est plus d'âge à avoir un enfant ? demande aussitôt l'étranger.

Sara prend peur : comment a-t-il deviné ce qu'elle pensait ? Qui est-il pour connaître l'avenir ? Un messager de Dieu ? L'a-t-elle insulté en riant ? Alors, elle dit d'une voix forte pour qu'il l'entende :
– Je n'ai pas ri !
– Si, insiste l'autre, tu as ri !
Et Sara ne dit rien.
Le repas à peine terminé, les trois visiteurs se lèvent pour partir.
– Soyez les bienvenus sous ma tente chaque fois que vous le voudrez, étrangers, et que Dieu vous bénisse et garde votre route des lions et des chacals.

Dieu tient ses promesses. Les trois hommes étaient ses messagers. Au temps voulu, Sara accouche d'un fils, Isaac. Elle est si heureuse qu'elle chante :

– Avec Isaac, Dieu m'a donné de quoi rire et me réjouir !

Et tout le campement l'entend.

Les jours passent, Isaac grandit et son frère Ismaël s'occupe de lui. Dès que le bébé marche, Abraham organise une grande fête au campement, mais Agar reste seule sous sa tente avec Ismaël. Elle a peur. Si Sara considérait son fils comme un rival ?

**Mais Dieu protège l'un et l'autre des frères.
Les enfants d'Ismaël perpétueront le nom d'Abraham,
le béni de Dieu. Quant à ceux d'Isaac, ils deviendront
un grand peuple et ses douze fils seront des chefs de tribus.
Ainsi vont les saisons, les troupeaux,
les enfants, et la promesse de Dieu.**

QUI SERA BÉNI : ÉSAÜ OU JACOB ?

Les saisons passent, Isaac, le fils d'Abraham,
est marié avec Rébecca, mais elle n'a pas d'enfant.
Alors, il prie et Dieu entend sa prière. Bientôt, Rébecca
accouche de jumeaux. Le premier, Ésaü, est roux.
Il a tant de cheveux qu'on dirait un manteau de poils.
Le deuxième s'appellera Jacob. On dit qu'il prenait déjà
la place de son frère dans le ventre de sa mère,
alors cette histoire de Jacob le rusé
ne vous étonnera pas.

CD1
piste 05

ÉSAÜ EN GRANDISSANT devient un bon chasseur. Il piste et traque le gibier dans la steppe, rapportant au campement les meilleures bêtes. Jacob, lui, reste près de Rébecca, sa mère.

Un matin, Rébecca
vient trouver Jacob sous sa tente :

– Ton père veut bénir Ésaü pour qu'il devienne le chef de notre clan. Mais c'est toi, mon fils, qu'Isaac doit bénir.

Jacob s'inquiète :

– Comment pourrais-je me faire passer pour Ésaü ? Il est hirsute et il a la peau pleine de poils ! Moi, ma peau et mes cheveux sont lisses.

– Porte la tunique d'Ésaü, et couvre tes bras d'une peau de chevreau. Ainsi camouflé, tu diras à ton vieux père : « Je suis ton fils aîné. » Isaac est aveugle, il ne se doutera de rien.

Rébecca a raison. Quand Jacob vient sous la tente de son père, tout se passe comme prévu.

– Approche, mon fils, dit Isaac. Et embrasse-moi : que Dieu te donne la rosée du matin et de verts pâturages ; que les peuples voisins te reconnaissent comme un chef puissant et que tes frères se prosternent devant toi.

Et Isaac bénit Jacob en pensant qu'il s'agit d'Ésaü.

Jacob sort juste de la tente quand Ésaü rentre de la chasse. Ésaü voit la peau de chevreau sur le dos de son frère, et il comprend aussitôt. Jacob a reçu la bénédiction à sa place !

– Quel frère es-tu Jacob ! crie Ésaü. Je me vengerai et je te tuerai.

Rébecca supplie Jacob :

– Fuis ! Va chez ton oncle et reste là-bas jusqu'à ce qu'Esaü oublie ce que tu lui as fait !

Jacob reviendra-t-il un jour au campement ? Marche, Jacob, marche.

Pendant vingt ans, Jacob reste chez son oncle à élever ses troupeaux et à soigner ses bêtes. Il s'est marié et a eu des enfants.

« Maintenant que Joseph, mon dernier-né, est vigoureux, il est temps que je retourne au pays de Canaan », pense Jacob un matin.

Alors, il va trouver son oncle sous sa tente :

– Laisse-moi partir. J'emporterai pour moi, dans ton troupeau, les bêtes qui ont des taches ou des rayures.

Le vieil homme se frotte les mains :

« Une bonne affaire, pense-t-il. Les tachetées et les rayées ne valent rien et il n'y en a pas beaucoup. »

Il ne se doute pas que, cette année-là, les chèvres et les moutons ne vont mettre bas que des bêtes tachetées ou rayées !

Il marche, marche, Jacob vers le pays de Canaan.
Le voyage est long et fatigant pour les femmes, les enfants et le troupeau. Il n'est plus très loin de son clan, mais il décide de faire halte pour la nuit. Qu'a-t-il fait à son frère autrefois ? Rentrera-t-il ainsi au pays sans lui demander pardon ? Et si Ésaü attaquait son campement ?
– Dieu de mon grand-père Abraham, prie Jacob. Dieu de mon père Isaac, c'est toi qui m'as dit de revenir ici, au pays de Canaan. Sauve-moi de la vengeance d'Ésaü !
Avant le coucher du soleil, Jacob envoie ses serviteurs offrir des cadeaux à son frère.
La nuit vient.

Jacob dort mal, son sommeil est agité. Soudain, quelqu'un l'attaque. Et les deux lutteurs s'empoignent, mais personne n'a le dessus.
– Lâche-moi ! crie le mystérieux assaillant. Le jour se lève !
– Bénis-moi avant ! répond Jacob.
Car si son adversaire le bénit, il obtiendra sa protection.
– Quel est ton nom ? lui demande l'homme. Pour que je te bénisse.
– Jacob.
– Tu ne t'appelleras plus Jacob, déclare-t-il. Mais Israël, ce qui veut dire « fort contre Dieu et contre les hommes ». Et tu l'as emporté !
L'homme bénit Jacob. Aussitôt le soleil se lève.
– Que m'est-il arrivé cette nuit ? s'interroge Jacob. Et si c'était Dieu que j'ai affronté dans l'obscurité et qui m'a béni au petit matin ? J'ai vu Dieu face à face, comprend-il alors. Et je suis vivant !

Mais soudain, il distingue au loin les hommes d'Ésaü. Ils sont très nombreux, leurs chameaux soulèvent la poussière du sol. Jacob a peur. Comment pourra-t-il affronter son frère et son armée ?
Mais, dès qu'il aperçoit Jacob, Ésaü court vers lui. Il le serre dans ses bras, en pleurant. Cela fait vingt ans qu'il attend le retour de son frère. Vingt ans qu'il a oublié sa colère.
Jacob a le cœur léger, il reverra son père. Marche, Jacob, marche !

Ainsi vont les saisons, ainsi va la vie,
ainsi vont la ruse, la colère, le pardon.
Dieu marche avec Jacob-Israël. Dieu n'oublie pas
sa promesse, celle du pays de Canaan
et de nombreux descendants.

Moïse, le libérateur

Voici l'histoire de Moïse, celui à qui Dieu parle.
Il y a longtemps, le roi d'Égypte, que l'on appelle Pharaon,
a permis aux fils de Jacob de venir s'installer dans son pays.
Mais aujourd'hui, tout a changé. Le nouveau Pharaon
n'aime pas les fils d'Israël, les descendants de Jacob.

CD1
piste 06

Pharaon est soucieux lorsqu'il pense aux fils d'Israël :
– Ces étrangers sont si nombreux qu'ils pourraient être dangereux…
Alors, il ordonne à ses soldats :
– Tuez tous leurs garçons nouveau-nés ! Et que les hommes soient réquisitionnés pour les grands chantiers.
Ce jour-là, dans chaque maison des fils d'Israël, on entend les cris des mères et des enfants.

Trois mois plus tard, un soir à la tombée de la nuit, la fille du Pharaon est venue jusqu'au fleuve se rafraîchir avec ses servantes. Quand soudain, des pleurs ! Qu'y a-t-il dans cette corbeille de papyrus juste bonne à mettre des dattes fraîches ou des galettes d'orge ?
Un bébé !
– Il appartient certainement à une tribu d'Israël, s'écrie la fille de Pharaon. Comme il est mignon… Il a faim !
La princesse le considère déjà comme son fils.
– Je veux l'appeler Moïse, décide-t-elle.
Ce qui veut dire en égyptien « je l'ai tiré des eaux ».
Et c'est ainsi que commence l'histoire de Moïse.

Moïse est élevé à la cour comme un prince. Mais quelqu'un lui a révélé qu'il n'est ni prince ni égyptien. Il est l'un des fils d'Israël, de la tribu de Lévi.

Sur les grands chantiers de Pharaon, Moïse les voit qui travaillent dur.

– Mes frères sont maltraités et humiliés, pense-t-il. Et je ne peux rien faire pour eux.

Un jour, pourtant, il surprend un garde égyptien qui frappe l'un des siens. Il sort son poignard et tue le garde sur-le-champ !

Pharaon ordonne au chef de son armée :

– Supprime Moïse au plus vite, il soutient les fils d'Israël. Et s'il leur disait de se révolter ?

Moïse est prévenu et s'enfuit à temps.

Marche, Moïse. Marche, seul dans le désert.

Les années ont passé. Moïse s'est installé à Madian, près de la mer Rouge. Il a épousé la fille d'un nomade éleveur de moutons. Et il a un fils solide. Sous sa tente, Moïse pense souvent à l'Égypte de son enfance, à ses frères du peuple d'Israël. Et il se sent comme un immigré en terre étrangère. Il pense aussi au Dieu d'Abraham, d'Isaac et de Jacob.

La saison sèche est arrivée, les moutons doivent changer de pâturages. Pour trouver de l'herbe, Moïse décide de les emmener à trois jours de marche, sur le mont Horeb, que l'on appelle aussi la montagne de Dieu, car elle est comme un lien entre le Ciel et la Terre.

Les moutons se sont mis à l'ombre et Moïse s'assure qu'aucun ne s'est égaré. Quand tout à coup, il voit un buisson d'épineux en feu un peu plus loin.

– Que se passe-t-il ? se demande Moïse, inquiet.

Il a peur pour ses bêtes. Il s'approche pour éteindre le feu, mais c'est curieux, on dirait que le bois ne brûle pas. Pourtant, le feu est vif ! Soudain, il entend une voix :

– Moïse, Moïse !

Qui d'autre que Dieu peut l'appeler sur cette montagne ?

Qui d'autre que Dieu peut l'appeler par son nom ?

Qui d'autre que Dieu peut embraser les buissons du désert ?

– Moïse, Moïse ! dit Dieu.
– Je suis là, répond Moïse, intrigué.
– Ne t'approche pas de ce buisson, car le lieu où tu te tiens est sacré. Retire tes sandales, car tu as marché sur des chemins qui ne sont pas les miens.
À ces mots, Moïse cache son visage dans ses mains, parce qu'il a peur de voir Dieu en face et de mourir. Il l'écoute.
– J'ai entendu les cris des fils d'Israël, lui dit Dieu. Repars en Égypte ! Fais sortir mon peuple de ce pays et je le conduirai vers une terre où l'eau ruisselle comme le lait d'une mère et où le miel est doux aux lèvres. Tout y pousse en abondance. Va trouver Pharaon.

Moïse a peur :
– C'est impossible. Moi, je ne suis qu'un nomade ! Comment aller à la cour de Pharaon, avec tous ses gardes ? Et parmi les fils d'Israël qui voudra me suivre ? Personne ne m'écoutera ! Et s'ils me demandent quel est le nom de ce Dieu qui veut nous faire sortir d'Égypte ? Qu'est-ce que je leur répondrai ?
– Tu leur diras : « Je suis celui qui suis. »
Moïse ne comprend pas ce que cela signifie, alors, pour cette fois, il se tait.

– Tu diras aux fils d'Israël que c'est moi, le Dieu de leurs pères, le Dieu d'Abraham, d'Isaac, de Jacob, qui t'envoie. Yahvé, c'est mon nom et je n'en ai pas d'autres. Dis encore à tous ceux qui souffrent que j'ai entendu leurs cris. Que je les sauverai.
– Oui, mais, s'ils refusent de me croire, insiste Moïse.
– Marche, Moïse, marche. Je suis avec toi. Je te fais confiance. Je t'aiderai à parler en mon nom.
Moïse voudrait répondre, mais il sait que Dieu a raison. Il a peur. Dieu n'aurait pas dû le choisir pour parler en son nom.

Lorsqu'ils arrivent en Égypte, Moïse et son frère Aaron demandent à Pharaon, au nom de leur Dieu, de laisser partir les fils d'Israël. Pas question ! Ils lui sont bien utiles pour fabriquer des briques, creuser des canaux d'irrigation, défricher les marécages ! Pourtant, Moïse prévient Pharaon : s'il refuse, de terribles épreuves s'abattront sur l'Égypte. L'eau se changera en sang, les grenouilles envahiront les maisons, les moustiques et les taons infesteront le pays.

Mais Pharaon ne cède pas et tout se passe exactement comme Moïse l'a annoncé. Le bétail meurt, les Égyptiens ont le corps couvert de plaies.
– Mais pourquoi tous ces malheurs, se demandent les Égyptiens. Jusqu'à quand devrons-nous souffrir ? Qu'ils s'en aillent, les fils d'Israël, avec leurs femmes et leurs enfants !

Alors, Dieu dit à Moïse :
– Va trouver une fois encore Pharaon. Dis-lui qu'à cause de lui, puisqu'il n'entend pas la souffrance de son peuple et de mon peuple, je vais passer dans tout le pays, au milieu de la nuit. Et tous les premiers-nés des Égyptiens mourront. Dans le pays, on entendra des cris et des pleurs. Mais les premiers-nés des fils d'Israël, je les sauverai.
Pharaon ne cède pas. Et c'est la catastrophe.

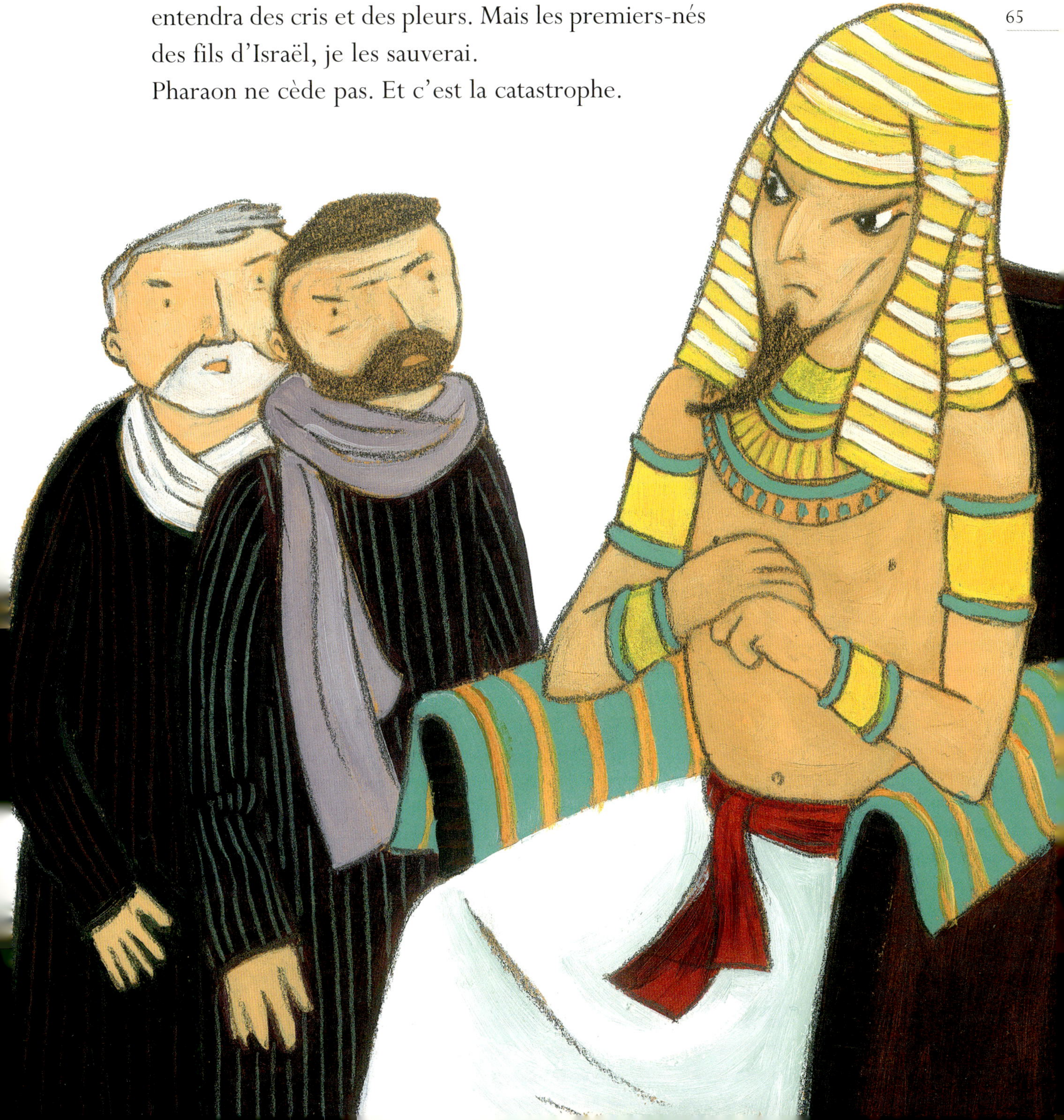

Pharaon, horrifié, convoque Moïse et Aaron :
– Réveillez les chefs de vos tribus et les anciens de votre peuple et partez tous ! leur ordonne-t-il. Allez adorer votre Dieu où vous voulez, mais hors d'Égypte ! Partez ! Emmenez vos femmes, vos enfants, vos troupeaux ! Disparaissez !

Marche, Moïse, au petit matin, emmenant derrière lui le peuple des fils d'Israël. Et leurs femmes sont sur les ânes avec leurs petits enfants serrés contre elles. Dans des étoffes nouées à la hâte, elles emportent juste assez de pâte pour les galettes de pain, mais elle n'a pas eu le temps de lever.

Les hommes vont devant, sur leurs chameaux. Les bœufs tirent les chariots avec les tentes et les coffres à sel, les poteries et les outres de peau. Et les chiens les suivent en aboyant.

Personne ne se retourne.

Si, Moïse. Il regarde ce pays qu'il aime,
qu'il a fui et qu'il ne reverra jamais plus.
Et soudain, dans le petit matin pâle, il lève les mains
vers le ciel et prie son Dieu, le Dieu qui marche avec eux.

Sur la route du désert, celle qui conduit à la mer des Roseaux, les hommes d'Israël vont devant leurs troupeaux. Une longue colonne s'étire lentement.

Ils marchent au petit jour et à la tombée de la nuit pour éviter le soleil brûlant. Ils ont faim, ils ont soif, ils sont fatigués.

Ils ne savent pas encore que Pharaon les poursuit avec son armée. Il a rassemblé ses soldats, plus de six cents, à cheval ou sur leurs chars.

– Rattrapez-les ! hurle-t-il. Au grand galop ! Et massacrez-les jusqu'au dernier !

Bientôt, quelqu'un entend le bruit sourd du galop des chevaux. Mais c'est peut-être le vent qui souffle sur les pierres. Quelqu'un voit de la poussière à l'horizon. Mais c'est peut-être le vent qui tourbillonne sur les dunes…

– Marchons et bientôt nous ferons halte près d'un puits.

Mais soudain :

– Moïse ! crient les fils d'Israël. Les archers de Pharaon nous pourchassent ! Nous sommes perdus ! Pourquoi nous as-tu fait partir d'Égypte, il valait mieux travailler dur que de mourir dans le désert. Où est-il, ton Dieu ?

Dieu a tout vu, les soldats égyptiens et leurs chevaux lancés au grand galop, les chefs des caravanes effrayés. Et il a tout entendu, les fils d'Israël qui ont peur et Moïse qui se tait.
Alors, Dieu parle à Moïse :
– Reprenez la route. Dès que vous arriverez à la mer des Roseaux, étends ton bâton au-dessus de l'eau. Elle se partagera en deux. Alors, engagez-vous sans crainte dans ce gué, car vous pourrez passer à pied sec sur l'autre rive. Les Égyptiens ne vous rattraperont pas !
Moïse écoute Dieu. La longue file des caravanes se remet en marche.

Arrivé à la mer des Roseaux, Moïse prend son bâton et l'étend au-dessus des flots. Aussitôt, le vent d'est se lève. Il souffle toute la nuit, repoussant la mer des deux côtés. On dirait un passage entre deux murailles d'eau.

Au petit matin, Moïse ordonne de lever le camp, vite.

– Traversez, avancez, n'ayez pas peur ! L'eau ne vous engloutira pas. Mettez-vous à la tête de vos troupeaux, Dieu veille sur nous. En avant !

Les hommes passent avec leurs chameaux, entraînant les ânes avec les femmes et les enfants. Les bêtes s'affolent, mais les bergers les encouragent de leurs cris, et l'on porte les agneaux.

Lentement, les caravanes avancent. Et chacun, le cœur serré, se demande ce qui l'attend de l'autre côté.

– Massacrez-les ! hurle Pharaon à ses archers. Traversez, vous aussi, avec vos chars et vos chevaux !
Les soldats égyptiens hésitent : le bruit de l'eau affole leurs chevaux, ils piaffent, hennissent de peur. On dirait qu'ils sentent le danger. Alors, Pharaon prend la tête de son armée :

– En avant ! Pas de pitié !
Les soldats s'engagent entre les deux murailles d'eau. Ils sont déjà au milieu de la mer quand Moïse, sur l'autre rive, étend son bâton au-dessus de l'eau. Soudain, le vent d'est tombe, l'eau se referme et engloutit soldats, chars et chevaux. Ils se noient, et Pharaon aussi.
Moïse regarde ce désastre et la mer écumante, il frissonne.
C'est la deuxième fois dans sa vie qu'il a été tiré de l'eau.
« Nous ne serons plus des esclaves sur une terre étrangère, mais des hommes libres, pense-t-il.
Nous sommes sauvés. »
Et Aaron qui l'a rejoint se tient silencieux à ses côtés.

Marche, Moïse ! Marche, Aaron ! Cela fait plus de deux mois que les fils d'Israël campent dans le désert. Les hommes comme les bêtes sont épuisés. La tension monte dans les campements. Tous les soirs, près du feu, les chefs de tribus demandent à Moïse :

– Où est-elle, cette terre promise par Dieu ?

Moïse se tait. Il n'en sait rien. Il fait confiance à Dieu.

Certains regrettent déjà l'Égypte, les oignons, les galettes de blé. Ici, dans le désert, il n'y a que des pierres.

Un soir, ils arrivent au pied de l'Horeb, et Moïse arrête enfin les caravanes :

– Montez le campement ! Nous faisons halte au pied de cette montagne. Déchargez les bêtes et trouvez un point d'eau pour les abreuver. Attendez-moi. Je vais à la rencontre de Dieu, car c'est ici que, pour la première fois, il m'a parlé.

Alors, comme Abraham son ancêtre, comme Isaac et comme Jacob, Moïse part à la rencontre de Dieu. Il gravit la montagne et son pas est léger… Mais brusquement on entend un grondement. La terre tremble, les bêtes cassent leurs attaches et les chameaux entravés tentent de s'enfuir.

Une épaisse fumée rougeoyante sort du sommet de la montagne. En bas, dans la plaine, tout le monde a peur. Que se passe-t-il ?
Moïse, lui, ne sait plus s'il doit monter ou redescendre. Il entend des cris en bas. Il pense au buisson qui brûlait sans vraiment brûler quand Dieu lui a parlé la première fois. Qu'a-t-il à lui dire de si important pour que la terre tremble, que l'orage gronde ?

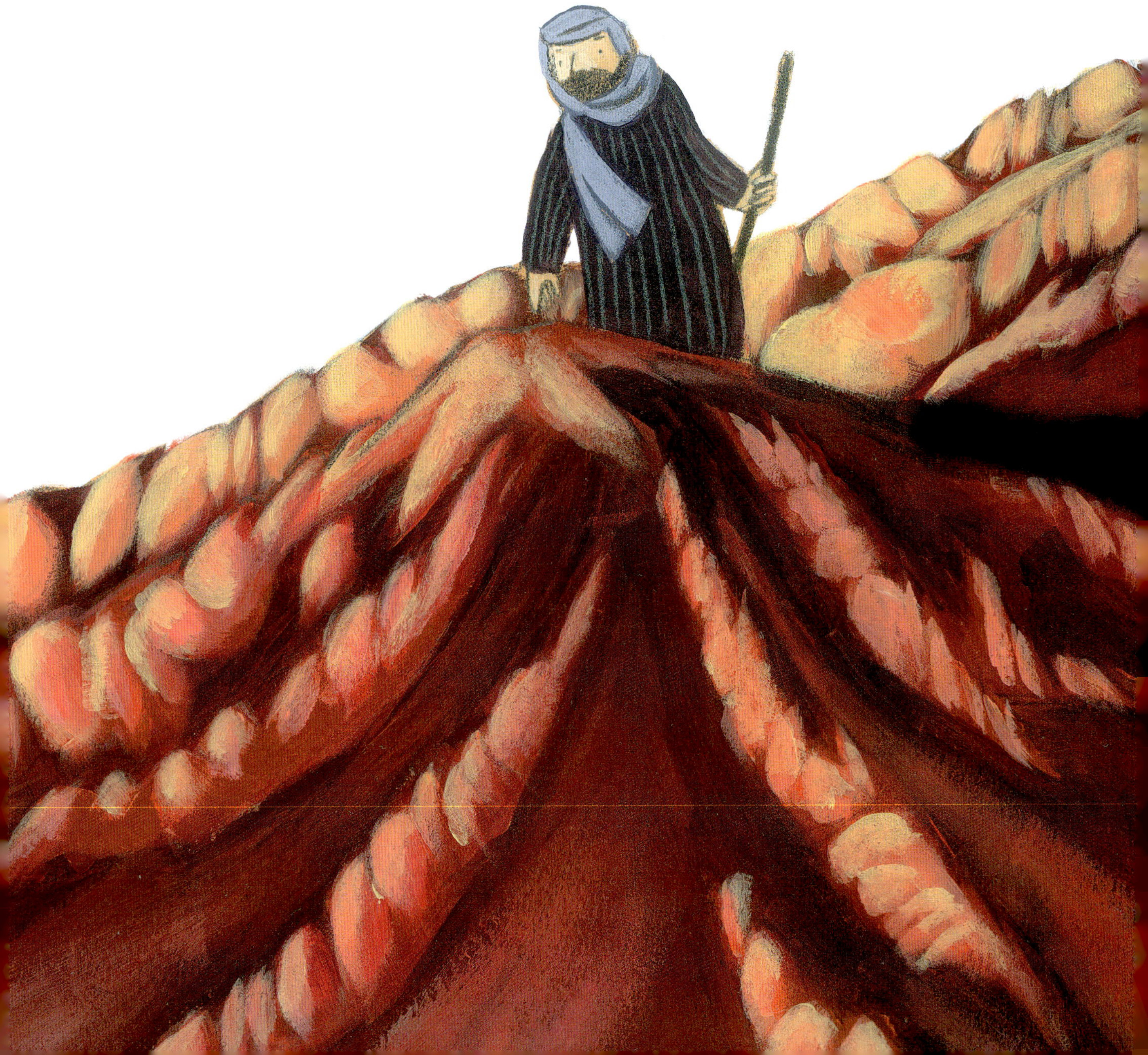

C’est alors que Dieu lui parle :

– Moïse, Moïse !

– Je suis là ! répond-il.

– Si je vous ai fait sortir d’Égypte, si je vous ai libérés de l’esclavage, dit Dieu, c’est parce que je suis fidèle à ma promesse. Souviens-toi de ce que j’ai dit à Abraham : « Sois-moi fidèle. Marche, Abraham, marche à mes côtés ! Je suis ton Dieu. Je te donnerai une terre et de nombreux descendants. » Aujourd’hui, c’est avec ses descendants, le peuple des fils d’Israël, que je veux conclure une alliance.

Dieu lui dit encore :

– Chaque fois que le peuple d'Israël sera dans la souffrance, la douleur et la peur, qu'il se tourne vers moi. Je viendrai à son secours. Et lui, en retour, qu'il me fasse confiance et me soit fidèle. Dis à chacun ce que j'exige de lui : « Tu aimeras le Seigneur ton Dieu de tout ton cœur, de tout ton être, de toute ta force. »

Puis Dieu prononce dix paroles, aussi importantes qu'une piste tracée dans le désert ou qu'une source d'eau fraîche pour abreuver les bêtes, aussi importantes que les étoiles lorsque l'on marche dans la nuit.

– Moïse, mes paroles, qu'elles t'accompagnent partout où tu iras. Inscris-les sur ton cœur pour aimer et pleurer avec ceux qui pleurent ; inscris-les sur ta main pour partager avec ceux qui n'ont rien ; inscris-les sur ton front pour chercher la justice quand les forts oppriment les faibles et pour marcher avec droiture.

Alors Moïse lui répond d'une voix claire :

– Sois mon Dieu.

Ainsi fut conclue l'Alliance sur la montagne entre Dieu et Moïse, entre Dieu et son peuple, entre Dieu et les hommes.

Lorsque Moïse redescend au campement, quelque chose a changé en lui.
– Qu'elles soient gravées dans mon cœur, les paroles de Dieu, mais aussi sur des tablettes de pierre comme une loi sacrée qui nous aidera à vivre, pense-t-il. Ainsi, personne ne pourra dire qu'il ne les connaît pas. Nous les transmettrons à nos fils, et eux aussi vivront, non pas courbés sous l'esclavage, mais debout devant Dieu.

Bientôt les caravanes reprendront leur route… Les éclaireurs sur leurs chameaux apercevront enfin à l'horizon la terre où ruissellent le lait et le miel. Et les femmes pousseront des cris de joie.

Et un jour Moïse, d'un pas lent,
le souffle court, rejoindra son Dieu.
Il sera là, fidèle à leur rendez-vous,
sur la montagne aux portes du désert.
Il sera là pour la plus belle de leurs rencontres :
celle où l'homme et Dieu
se retrouvent enfin, face à face…

Samuel, celui que Dieu appelle

CD1
piste 07

Cela fait bien longtemps
que le peuple d'Israël est installé au pays de Canaan.
Car Dieu lui a promis une terre. Une terre où l'herbe
des pâturages sera verte, où la vigne et l'olivier pousseront,
où les petits renards malins viendront manger les raisins,
où les tourterelles roucouleront près des sources claires,
où le souffle de Dieu passera dans les paroles
des hommes...

Tout ne va pas pour le mieux en Canaan ! Mais les fils d'Israël ont confiance en leur Dieu. Il les aidera comme il a aidé Moïse, autrefois. C'est ce que pense Elqana lorsqu'il vient prier au temple de Silo. Le temple, c'est une grande maison pour Dieu. On vient pour lui parler, le rencontrer, lui demander de l'aide.

Elqana est préoccupé par sa deuxième femme, Anne. Elle ne peut pas avoir d'enfant. Souvent, pour la consoler, il lui dit doucement :

– Ma colombe, ma bien-aimée, est-ce que pour toi je ne vaux pas mieux que dix fils ?

Elle sourit, mais ce n'est pas vraiment ça…

Alors, cette année encore, Elqana et Anne sont là, dans le temple de Silo pour prier Dieu. Anne voudrait tant que Dieu l'écoute. S'il lui donnait un enfant, elle le lui consacrerait.

Dans le temple, le prêtre Éli surveille les pèlerins du coin de l'œil. Il regarde si tout le monde se tient bien dans la maison de Dieu. Anne prie tout bas depuis si longtemps…

– Que Dieu t'accorde ce que tu lui as demandé, lui dit-il.

Et Anne soudain se sent moins triste.

Bientôt, elle attend un enfant et, neuf mois plus tard, Elqana annonce à tout le village réuni que Dieu a béni sa maison. Sa femme vient d'avoir un fils ! Un beau bébé joufflu, Samuel, ce qui signifie « son nom est Dieu ». Et tout le monde se réjouit avec lui.

Anne n'oublie pas la promesse qu'elle a faite. Quand le temps d'allaiter Samuel sera passé, elle le consacrera à Dieu. Elle aurait bien voulu le garder un peu plus longtemps, mais une promesse, c'est une promesse.

Un jour vient le temps de partir. Anne tient Samuel contre son cœur.

– Éli, tu te souviens de moi ? demande-t-elle. Voici Samuel, mon tout petit bébé, je le donne à Dieu.

Elqana embrasse le garçon si petit, Anne aussi. Elle le tend à Éli qui déjà lui sourit.

Sur le chemin du retour, Elqana a envie de pleurer, mais Anne lui dit :

– Elqana, ne sois pas triste, car notre fils grandira auprès de Dieu.

Et Samuel grandit.
Chaque année, au moment du pèlerinage au temple de Silo, Anne apporte une tunique de lin qu'elle a tissée pour lui, spécialement pour servir Dieu. Quand il déposera les offrandes des pèlerins sur l'autel, à l'extérieur du temple, il sera très beau.

Samuel est grand, maintenant. Il est bienveillant envers chacun. Elqana est fier de lui, et Anne aussi.

Une nuit, Samuel est au service de Dieu, c'est lui qui doit remplir d'huile d'olive la lampe qui brûle dans le temple. Elle ne doit jamais s'éteindre, car elle représente la présence de Dieu au milieu de son peuple, comme le coffre de bois, l'arche, qui contient les paroles de Dieu inscrites dans la pierre.

Éli est fatigué. Alors, cette nuit, Samuel le remplacera.

Il a posé sa natte sur le sol pour dormir, quand soudain il croit entendre Éli :

– Samuel, Samuel !

Il court jusqu'à sa chambre, à côté du temple.

– Tu m'as appelé, Éli, je suis là !

Mais Éli ne l'a pas appelé :

– Tout va bien, Samuel, retourne te coucher.

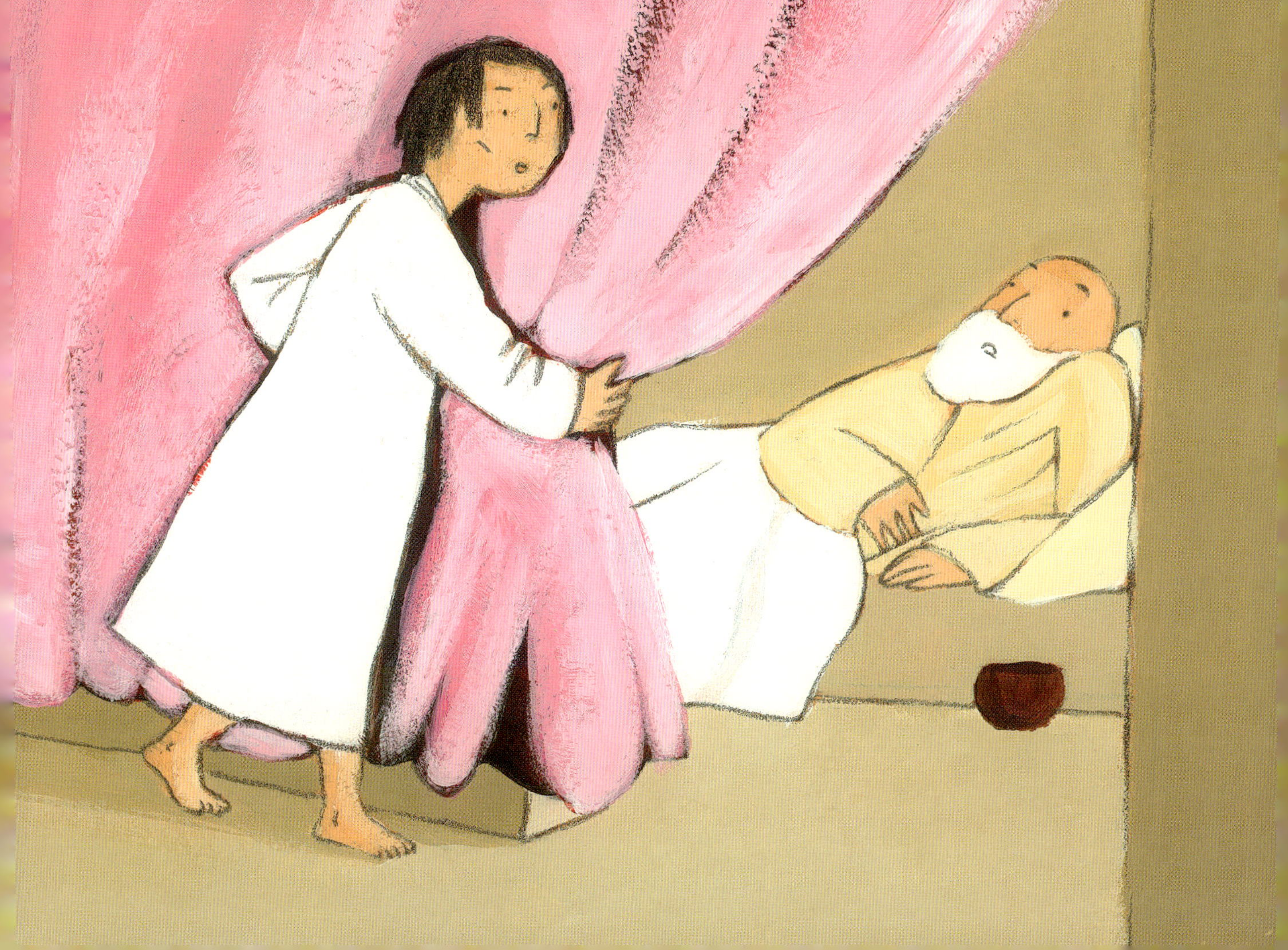

Samuel est à peine endormi qu'il entend une nouvelle fois son nom. Éli aurait-il tout de même besoin de lui ? Mais Éli n'a besoin de rien. Que se passe-t-il ? C'est étrange, Samuel est sûr et certain que quelqu'un l'appelle.

– Samuel, Samuel !

Il ne rêve pas. Faut-il déranger Éli une troisième fois ?

Mais il ne l'a pas appelé.

Alors le vieil homme comprend. C'est Dieu qui appelle Samuel.
– Retourne te coucher, dit-il. Et si tu entends que l'on t'appelle encore une fois, réponds ! Car c'est Dieu qui te parle. Dis-lui que tu l'écoutes.
– Samuel, Samuel !
Le cœur battant, Samuel entend la voix de Dieu. Il est bouleversé.
– Parle, mon Dieu, murmure-t-il dans la nuit, je t'écoute.
Et Dieu, tout doucement, parle à l'oreille de Samuel, pour qu'à son tour il parle au nom de Dieu.

Ainsi vont les paroles de Dieu
dans le cœur des hommes.

David, le berger devenu roi

CD1
piste 08

Les saisons sont passées
avec les pluies et les sécheresses.
La Terre a tourné et le Soleil s'est levé.
Maintenant, Samuel, celui qui a entendu la voix de Dieu
dans le petit temple de Silo, Samuel est vieux et fatigué.
Pourtant, Dieu lui a confié encore une mission :
choisir le deuxième roi de l'histoire d'Israël.
Samuel a peur. Si Saül, le premier roi, apprend
que Dieu cherche un nouveau roi, il se vengera !

SAMUEL EST EN ROUTE pour désigner le nouveau roi. Il se rend chez Jessé, dans la ville de Bethléem, aux portes du désert. Peu importe que le roi soit petit, grand, fort ou faible, pourvu qu'il écoute Dieu.
Jessé a beau présenter ses sept fils à Samuel, Dieu lui dit dans le creux de l'oreille :
– Non, non, ce n'est pas lui !
– Alors lequel ? se lamente Samuel.
Il fait si chaud à Bethléem ! Mais Samuel persiste.
– Jessé, est-ce que tu n'aurais pas encore un autre fils ? demande-t-il.
– Si, si ! Le plus jeune, David, celui qui s'occupe des troupeaux.

David arrive, il est beau et son regard clair est sans détour. Ses cheveux sont roux, flamboyants comme le soleil couchant.

– C'est un drôle de berger, mon fils, dit Jessé. Il joue de la cithare, et sa musique est aussi belle que le vent dans les roseaux.

– C'est lui ! souffle Dieu à Samuel.

Alors Samuel prend sa fiole d'huile et la verse sur la tête de David, là, au milieu de ses frères.
Sa mission aussitôt accomplie, Samuel s'en va.
– Si Dieu choisit maintenant un enfant, un simple berger, pour conduire son peuple, il doit savoir ce qu'il fait ! marmonne-t-il sur le chemin du retour. Espérons que celui-ci sera le bon !
Mais, décidément, il fait vraiment trop chaud à Bethléem.

David a grandi. Il est fort et vif. Ferait-il un bon guerrier ? Il est encore trop jeune pour se battre avec les soldats de l'armée de Saül. Il est chargé de les ravitailler, et il rêve de se battre à leurs côtés.
Un jour, les guetteurs affolés viennent avertir le roi :
– Saül ! Les Philistins rassemblent leurs troupes ! Après l'Égypte, c'est la terre de Canaan et le peuple d'Israël qu'ils veulent attaquer !
Aussitôt les chefs d'armée sont convoqués :
– Il faut les arrêter ! Que chaque soldat se comporte en homme. Pas de traître ni de fuyard !

La bataille entre Israël et les Philistins va commencer, quand un soldat des troupes ennemies sort des rangs. C'est Goliath ! Il est immense. Son casque et son armure étincellent, sa lance est longue et la pointe en fer, acérée.

– Choisissez un homme parmi vous, le plus courageux ! hurle-t-il. Et qu'il se batte contre moi ! S'il me tue, alors nous serons vos serviteurs. Si je le tue, ce sera vous.

Les soldats de Saül n'osent pas relever le défi. Personne dans ses troupes ne peut battre un tel géant.

Mais David sort des rangs et il crie :

– Ne perdez pas courage, je vais me battre, moi, contre Goliath !

– C'est impossible ! Pas toi ! Tu es trop jeune et tu n'es pas un soldat.

Mais David insiste :

– Je ne m'entraîne pas à la guerre, mais, à Bethléem, j'ai tué des lions et des ours qui attaquaient mes brebis. Ce Philistin ne me fait pas peur ! Si Dieu m'a sauvé des griffes de ces bêtes, il me sauvera cette fois encore.

Alors, on lui prête une armure, un casque de bronze et une épée.
Mais David s'aperçoit bien vite qu'il est gêné dans ses mouvements.
Il ne peut pas marcher avec une telle cuirasse ! Il préfère se battre comme un berger, avec un bâton et une fronde.
Il ramasse cinq pierres rondes et lourdes qu'il met dans sa besace.

Maintenant, il marche vers ce Goliath. Dans le camp d'Israël, on retient son souffle et dans celui des Philistins aussi. Lequel des deux fera triompher son peuple ?

Lorsque Goliath aperçoit David, il ricane, méprisant :

– Tu me prends peut-être pour un chien de berger, à venir avec ton bâton ? Il est bien petit, le champion d'Israël !

– Approche ! lui crie David. Tes armes ne te suffiront pas pour me vaincre, car moi, je me bats au nom du Dieu d'Israël ! Malheur à vous, les Philistins ! Car toute la Terre connaîtra bientôt votre défaite et saura que ce n'est pas par l'épée que Dieu donne la victoire, mais par la confiance que l'on a en lui.

Goliath s'avance, sûr de lui, sûr de sa force et de sa victoire…
David marche vers lui. Alors, il prend une pierre dans son sac, fait tournoyer sa fronde, la lâche. La pierre s'envole, lancée à pleine vitesse. Goliath est touché au front. Le sang gicle. Le Philistin vacille sans un mot. Il tombe violemment sur le sol, le visage dans la poussière.
Alors, David crie aux Philistins :
– Dieu est mon roc, mon bouclier, mon refuge ! Il me délivre de la violence ! Dieu est pour moi un appui !

Les saisons sont passées, le désert a refleuri et les tourterelles roucoulent au bord des fontaines. Le temps est venu cette fois pour David, le petit berger de Bethléem, de guider son peuple en devenant roi. Maintenant que Saül est mort, toutes les tribus d'Israël acclament David et crient :

– Sois notre roi, David ! Dieu t'a choisi.

Les Anciens lui versent l'huile sainte sur la tête, comme le vieux Samuel autrefois. Sera-t-il un bon roi, juste et droit ? Entendra-t-il ce que Dieu lui dit ?

Mais pour l'instant, c'est la fête !

Regarde, Jérusalem, ton roi qui danse !
Écoute, Jérusalem, les harpes, les tambourins et les cithares !
Car voici le coffre en bois de cèdre,
l'arche d'alliance, qui entre dans tes murs.
Il contient les tablettes de pierre
où sont inscrites les dix paroles de Dieu.
Souviens-toi et réjouis-toi, Jérusalem !
C'est ici que sera la capitale du royaume de David.
Et l'on dira : « Voici la cité de David ! »
Que l'on joue pour le roi ! Que l'on joue pour Dieu !
Sois bénie, Jérusalem, perchée sur la colline.
Sois bénie, ville de la paix.
Chante, Jérusalem !

David ferme les yeux
pour se souvenir toute sa vie
de cette fête si belle en son honneur.
« Mon Dieu, pense-t-il, fais que je sois
un roi juste et digne de toi. »

Isaïe, le prophète

Bien des saisons sont passées !
Bien des guerres ont ravagé les champs
d'orge et de blé, bien des enfants sont nés.
Bien des rois se sont succédé depuis le règne de David.
Rois guerriers, rois cruels, rois injustes, rois qui oublient Dieu :
cela ne peut plus continuer ainsi ! Voici maintenant
l'histoire d'Isaïe, celui qui crie au nom de Dieu.

CD1
piste 09

Isaïe ne cesse de parcourir les rues en parlant de Dieu.

– Prêtez l'oreille ! Oui, vous tous, prêtez l'oreille ! Car Dieu vous parle ! Le bœuf reconnaît celui qui le garde, mais vous, vous êtes plus stupides que les bêtes, vous ne comprenez rien ! Vos ennemis vous menacent de tous côtés. Ils veulent vous envahir ! Comment faut-il vous dire d'être fidèles à Dieu ? Cessez de faire le mal, apprenez à faire le bien. Et choisissez votre Dieu comme appui.

– Qui vocifère ainsi dans la cour du palais ? demande le roi Achaz à sa fenêtre. C'est encore Isaïe, mais pour qui se prend-il ?

– C'est un prophète de Dieu, murmure un serviteur.

– Un prophète de malheur qui annonce la fin du royaume de Juda, réplique le roi. Gardes ! Chassez-le !

Cela fait des mois qu'Isaïe crie ainsi.

Depuis le jour où il a entendu la voix de Dieu, là, à l'ombre du temple. Et Dieu a dit :

– Qui envoyer ? Qui sera mon messager ?

Isaïe a pensé à Moïse, à Samuel, et à tout ce qu'ils ont fait pour le peuple d'Israël. Ils ont consolé ceux qui pleuraient et délivré les prisonniers. Alors, lui aussi, soudain, il a voulu marcher avec Dieu. Et comme eux, il a répondu :

– Je suis là, envoie-moi.

Il ne savait pas encore combien c'est difficile de parler au nom de Dieu pour annoncer les désastres, pour dénoncer les violences et les haines. Sinon, il serait resté bien tranquillement assis dans la fraîcheur du temple, à rêver aux anges avec leurs six grandes ailes.
Isaïe est fatigué. Fatigué de crier, fatigué de parcourir la ville, fatigué d'avertir le roi de ce qui se passera bientôt s'il ne l'écoute pas. Les gens l'évitent. Les commerçants le chassent comme une mouche qui les agace dans leurs petites échoppes.
Et la porte du palais se ferme à double tour.

Le soir, Isaïe sort de Jérusalem, il va s'asseoir là-haut, dans les vignes. De là, il aperçoit la ville. Et pour elle, il raconte cette histoire :

– Mon ami avait une vigne sur un coin de terre brune. Il laboura le sol, il enleva les pierres et il planta un plant de raisin rouge qu'il avait choisi avec soin. Il bâtit au milieu de la vigne une tour pour surveiller les renards, les oiseaux et les voleurs aussi. Il y creusa une cuve, espérant de belles récoltes de raisins doux.

Mais la vigne, malgré tous ses soins, ne lui donna que des fruits acides qui agacent les dents. Alors, maintenant, que fera-t-il de sa vigne ? Eh bien, voilà ce qu'il a dit, mon ami : « Je vais enlever la petite haie qui la protégeait, et ma vigne sera offerte à qui voudra la brûler. Je briserai sa clôture et elle sera piétinée, elle sera saccagée ! Personne ne taillera la vigne, les ronces et les épines pousseront. Quant aux nuages, je leur dirai de ne pas lui donner de pluie ! »

Isaïe se tait. Il frissonne, la terre a l'odeur des raisins mûrs. Une brise légère court sur le coteau…

– Avez-vous compris, cette fois, que la vigne de Dieu, c'est le peuple d'Israël ? Et le plant de raisin qu'il a choisi tendrement, c'est vous, les hommes de Juda ? Il espérait de votre part la justice comme les raisins doux, et c'est le cri des opprimés qu'il entend, hurle Isaïe, seul dans la nuit. Quand viendra enfin un roi juste sur le trône d'Israël, mon Dieu ? Et devant Jérusalem, Isaïe, désespéré, pleure.

Dieu entend sa détresse. Il se tient là, lui aussi, devant Jérusalem. Et voici ce qu'il murmure, les paroles de sa bouche à l'oreille d'Isaïe :
– Bientôt ! Il y aura un signe : une jeune femme aura un enfant. Elle l'appellera Emmanuel. Et cet enfant sera une grande lumière. Bientôt les descendants de Jessé, père de David, auront un fils. Il marche avec Dieu. Il est sage. Il ne juge personne selon son apparence. Il ne se prononce pas d'après ce qu'il entend dire. Il prend la défense des plus pauvres et demande pour eux justice. Et, quand vient l'heure de son royaume, le loup habite avec l'agneau, la panthère se couche près du chevreau. Personne ne fait plus de mal à personne, et la Terre entière me reconnaît pour Dieu. Reprends courage, Isaïe !

Isaïe cueille une grappe de raisin de la vigne sur le coteau, il en croque un grain. Il est doux comme le miel…
Alors dans la tiédeur du soir, là, devant Jérusalem, Dieu bénit Isaïe, son serviteur.
Demain, il repartira dans les ruelles. Demain, il avertira le roi au nom de Dieu. Demain, il parlera à Jérusalem et aux hommes de Juda.

« Préparez dans le désert une route
pour Dieu, leur dira Isaïe. Car le voici.
Il vient comme un berger pour nous sauver,
comme une lumière dans la nuit… »

LA VENUE D'UN NOUVEAU ROI

CD2
piste 01

Bien des années sont passées
pour le peuple d'Israël,
et bien des catastrophes aussi.
Hommes, femmes, enfants ont été faits prisonniers
et emmenés à Babylone, dans un pays d'Orient.
Mais, loin de la terre de leurs ancêtres,
ils n'ont jamais perdu espoir, car Dieu était avec eux.
Et puis, un jour enfin, ils sont rentrés chez eux
et ont repris leur vie, continuant à découvrir
les chemins de Dieu.

Aujourd'hui, le pays des juifs, qui s'appelle désormais la Palestine, a été conquis par les Romains. Ceux-ci ont pris Jérusalem avec leurs armées, et les soldats ont ordre d'écraser toute révolte. Bien sûr, il y a de nouvelles routes, des aqueducs pour amener l'eau dans les villes, des théâtres en marbre et des ports.

Mais les descendants du peuple d'Israël, les juifs, aimeraient mieux être libres et ne pas payer autant d'impôts.

Comme toutes les semaines, les hommes se réunissent dans la petite synagogue de Nazareth pour prier et se retrouver.

– C'est un roi qu'il nous faudrait, un roi capable de mettre les Romains dehors ! Il viendra quand, ce Juste, pour nous libérer ? Joseph, qu'en dis-tu, toi ?

– Cette fois, ils ont donné l'ordre de compter tous les habitants pour savoir qui doit payer les impôts !

– Chacun doit aller s'inscrire sur une liste dans la ville où il est né ! Toi, Joseph, tu iras à Bethléem.

– Seigneur, écoute nos prières. Libère-nous enfin des Romains. Il nous faudrait un autre Moïse !

Mais Joseph, ce matin-là,
ne répond rien. Il n'a pas envie de discuter.
Il y a quelques jours, Joseph a eu un songe en dormant. Le messager de Dieu se tenait là, devant lui.
Que lui voulait-il ? Lui annoncer que Marie, sa fiancée, est enceinte.
Pourtant, c'est impossible ! Il ne vit pas encore avec elle.
Alors, aime-t-elle un autre homme en cachette ?

« Si les Anciens l'apprennent, pense Joseph, ils ordonneront que Marie soit tuée à coups de pierre pour avoir trahi l'honneur de sa famille. Non, je l'aime trop pour la voir mourir ainsi. Je trouverai secrètement deux témoins et j'écrirai dans une lettre que je me sépare d'elle. Mais pourquoi Dieu me révèle-t-il tout cela ? »

– Sois confiant, Joseph, lui dit encore le messager de Dieu. Marie ne connaît que toi. Comme Abraham, comme Isaac, comme Jacob, sois fort et marche avec Dieu. C'est lui qui a fait naître cette vie en elle. Marie aura un fils. Donne-lui le nom de Jésus, ce qui veut dire « Dieu sauve ». Et souviens-toi de ce qu'a dit Isaïe à tes ancêtres :

« Préparez dans le désert une route pour Dieu. Car le voici. Il vient comme un berger pour nous sauver, comme une lumière dans la nuit… »

Alors, voilà à quoi pense Joseph ce jour-là.
Et si ce petit, c'était lui, le sauveur d'Israël ?
Le messager de Dieu aussi est apparu à Marie,
il lui a dit qu'elle aura un fils,
parce que Dieu est avec elle. Cet enfant,
le fils de la promesse de Dieu,
elle l'appellera Jésus.

LA NAISSANCE DE JÉSUS

Marche, Joseph, dans la tiédeur du soir qui vient.
Marche, derrière lui, un petit âne tout couvert de poussière,
qui porte Marie, la femme de Joseph.
Cela fait cinq jours qu'ils sont partis de Nazareth
pour se faire recenser comme l'exigent les Romains.

CD2
piste 02

C'EST UN LONG VOYAGE pour la jeune femme, car elle doit bientôt accoucher. Au loin, on entend déjà le brouhaha des caravaniers aux portes de Bethléem.

– C'est là qu'autrefois Samuel le prophète est venu trouver David pour qu'il soit roi d'Israël, pense Joseph.

Et il est fier d'être né dans cette ville. Mais, maintenant qu'ils sont arrivés, où dormir ? Les lois de l'hospitalité sont sacrées, Joseph trouvera bien quelqu'un de sa famille pour les accueillir…

Pourtant, chez les cousins de Bethléem, il n'y a plus de place : à cause du recensement, chacun est revenu dans la ville. Et les auberges pleines à craquer ne sont pas très fréquentables.

Il reste bien les grottes où dorment les bergers… Cette année, l'hiver est doux et ils sont encore dans les collines avec leurs troupeaux. Joseph s'installe dans l'une des grottes, il étend une couverture sur le sol pour Marie. Elle est très fatiguée. À la hâte, Joseph allume un maigre feu…

Puis Joseph attend dehors que l'enfant naisse. La nuit est étoilée, il lève les mains vers le ciel :

– Mon Dieu, répète-t-il. Bénis Marie et l'enfant de ta promesse.

Soudain, un cri, et puis, juste après, les plaintes d'un bébé.

Joseph est si heureux qu'il en pleure !

– La paix sur vous !

Trois bergers sont arrivés dans la nuit.

– C'est Tobie qui a voulu revenir, explique l'un d'eux en trouvant Joseph dans leur grotte. Et je ne sais pas pourquoi, je l'ai suivi.

– C'est peut-être à cause de lui, dit Joseph en leur montrant le bébé.

– Que Dieu le bénisse, ainsi que ta femme, et toi aussi !

– Puisqu'il est né ici, alors il sera berger ! plaisante Tobie.

– Pourquoi pas ? dit Joseph. À moins qu'il ne soit roi comme David ?

Et tout le monde rit.

Marie les entend. Qui sera son enfant ?
se demande-t-elle en le berçant tendrement.
Dehors, elle aperçoit les étoiles, au-dessus des collines.
On dit qu'à chaque naissance sur Terre, une étoile
s'allume au ciel. Comme elle doit briller
dans la nuit, celle de son fils…

Jésus au temple

Les années ont passé.
À Nazareth, Jésus apprend le métier
de charpentier avec Joseph, qui l'apprit
autrefois de son père. C'est un des métiers
les plus respectés parmi les artisans.
Jésus reconnaît déjà les différents bois.
Et, comme les enfants de son âge,
il va à la synagogue.

CD2
piste 03

Jésus aime ce moment où l'on se retrouve et où quelqu'un lit les rouleaux de la Torah, le livre de la Loi qui a été transmis autrefois à Moïse.

Un jour, lui aussi, il pourra lire les paroles sacrées ici, devant ses amis et ses voisins. Et Marie, sa mère, sera très fière, car elle lui rappelle souvent en riant :

– Un enfant doit être nourri de la Torah comme un bœuf est nourri à l'étable.

Elle est très contente qu'il suive l'enseignement d'un bon maître. Il raconte souvent de petites histoires imaginaires pour faire comprendre à ses élèves ce que dit la Torah. Un jour, son fils Jésus saura lui aussi interpréter les textes de la Loi.

N'est-ce pas ce qui se passe, au grand pèlerinage de Jérusalem ? Ce jour-là, il y a tellement de monde, de poussière, de cris, que Joseph et Marie, après avoir prié au temple, repartent avec la longue caravane de ceux de Nazareth. Les hommes marchent en tête, leurs ânes portant les femmes trottinent derrière, et les enfants courent les uns après les autres.

Jésus aurait dû se joindre à ses cousins, mais, à la première halte au puits, personne ne l'a vu. Et la petite caravane de marchands qui les suit non plus. Où est-il ? Marie, inquiète, pleure en silence.

– Et si quelqu'un l'avait enlevé pour le vendre comme esclave ? pense-t-elle.

Joseph répète sans cesse :

– Il n'a pas pu se perdre, il sait par quelle porte de la ville il faut sortir pour rejoindre Nazareth. Des marchands d'esclaves ? C'est impossible !

Alors, ils refont tous deux la route dans l'autre sens, interrogeant les uns et les autres. Pendant deux jours et deux longues nuits, Marie et Joseph cherchent Jésus sans le trouver. Au matin du troisième jour, Joseph réussit enfin à rejoindre les cours intérieures du temple, là où les scribes interprètent la Loi de Moïse et discutent avec les pèlerins. Jésus est là, au milieu d'eux, en grande conversation avec les scribes. Joseph interrompt le débat :

– Nous étions fous d'inquiétude, ta mère et moi ! tempête-t-il. Cela fait trois jours que nous te cherchons autour de Jérusalem !

Dès qu'elle l'aperçoit, Marie court vers son fils et le serre dans ses bras :
– J'ai eu si peur !
Jésus se blottit contre elle :
– Pourquoi me cherchiez-vous ? murmure-t-il. Je suis resté dans le temple. Le plus important, n'est-ce pas la parole de Dieu ? C'est lui mon père, notre Père.

Et Marie comprend alors,
comme elle l'a souvent pressenti,
que Jésus ne lui appartient pas.
Sur le chemin du retour, soulagé d'avoir
retrouvé Jésus sain et sauf, Joseph chante.
Marche, Joseph, marche, Marie,
marche, Jésus devant eux.

LE BAPTÊME DE JÉSUS

Les saisons ont tourné, Jésus est devenu un homme
et Marie avait raison : il a choisi non pas d'être charpentier,
mais de parler de Dieu et d'expliquer les textes de la Torah.

CD2
piste 04

MAIS, AVANT DE PARCOURIR LES ROUTES de Galilée, Jésus veut rencontrer Jean le Baptiste qui, lui aussi, enseigne ce que dit Dieu.
– Il paraît que c'est un grand prophète et que beaucoup le suivent. Tu y crois, toi ? demande Nathan à son compagnon de village.
Avec toute cette foule, les deux amis n'arrivent pas à s'approcher du prophète. Ils sont venus en Judée, sur les bords du Jourdain, pour écouter Jean. Il est surnommé « le Baptiste » parce qu'il plonge les gens dans l'eau et les purifie au nom de Dieu.
– Tournez-vous vers Dieu ! crie Jean. Demandez pardon pour toutes vos injustices. Si je vous baptise dans l'eau de ce fleuve, c'est pour vous laver de tout votre mal. Oui, je vous le dis,
préparez le chemin de Dieu, car il vient !

Une voix claire interpelle soudain Jean :
– Alors plonge-moi dans cette eau !
– Jésus ! Mais pourquoi te purifier ? Toi seul parmi nous es tourné vers Dieu, uni à lui comme un fils. C'est toi qui devrais me plonger dans ce fleuve !
Mais Jésus insiste. Alors, Jean accepte.

Mais, à peine Jésus est-il
sorti de l'eau que le vent se lève.
– C'est un signe de Dieu, se dit Jean.
Dieu est parmi eux, et Jean l'entend. Voici ce qu'il dit :
– Celui-ci est mon fils bien-aimé. Jésus parlera en mon nom.
– Et nous ? demandent Nathan et son compagnon. Tu nous plonges dans l'eau ? Nous aimerions que tu nous enseignes ce que dit Dieu.
Songeur, Jean le Baptiste leur répond :
– Ce n'est pas moi qu'il faut suivre : c'est lui, Jésus.

Simon et André suivent Jésus

Aujourd'hui, à Capharnaüm,
un village situé sur le lac de Tibériade,
on n'avait jamais vu autant de monde.
Dans la synagogue, tous veulent écouter Jésus !

CD2
piste 05

Sur les bords du lac, André et Simon, deux frères, démêlent leurs filets. Dans une heure, le soleil se couchera sur le lac et là, ce sera bien pour la pêche. Ils parlent de Jésus :
– Je croyais qu'il était charpentier, mais en fait il est rabbi. Il enseigne et interprète la Loi. Quand il l'explique, ce n'est pas comme les autres. Cela m'a redonné espoir.
– Il ferait bien de faire attention parce que Jean le Baptiste, lui, a été arrêté par le roi.
– Jésus annonce une bonne nouvelle, continue André.
– Quelle bonne nouvelle ? On va pêcher de gros poissons ? répond Simon en riant.
– Je te parle de la synagogue !
À Capharnaüm, ils ne sont pas les seuls à discuter de Jésus, car il parle de Dieu de façon étonnante et dit à tous que le Royaume de Dieu est proche.

Comme le soir est calme ! Le vent est tombé et le soleil au loin se couche derrière les collines.

– Simon ! André !

Les deux frères se retournent brusquement.

– C'est lui ! s'exclame André.

– Le rabbi ? demande Simon. Mais comment connaît-il nos noms ?

– La paix sur vous ! dit Jésus en s'approchant.

– La paix sur toi, lancent-ils ensemble.

« Mais que nous veut-il ? pense Simon. Si c'est pour parler de Dieu, ce n'est pas le moment, c'est la meilleure heure pour la pêche. »

– Tu as raison, Simon, reprend Jésus comme s'il avait deviné ce qu'il pensait. C'est la meilleure heure pour pêcher. Mais il y a un temps aussi pour ramener les hommes vers Dieu, comme les poissons que tu prends dans ton filet. Et pour Dieu, crois-moi, aucun n'est assez petit pour être rejeté.

Simon, pour une fois, ne trouve rien à répliquer.

– Viens, suis-moi, n'aie pas peur. Et toi aussi, André, continue Jésus.

– Rabbi, reprend Simon, tout troublé. Est-ce que tu m'expliqueras ce que tu as annoncé à la synagogue, la bonne nouvelle, le Royaume de Dieu ?

Et ce soir-là, sans savoir vraiment qui ils suivent,
André et Simon laissent leur filet sur le bord du lac
près de leur barque et partent avec Jésus.
Marche, André… Marche, Simon…

UN SIGNE DE DIEU

Simon et André
sont devenus les compagnons de Jésus,
ils le suivent partout où il va parler de Dieu.
Jésus habite souvent chez Simon. Depuis quelques jours,
la foule se presse à sa porte pour rencontrer Jésus.

CD2
piste 06

Jérémie est paralysé depuis des mois. Si seulement Jésus pouvait le guérir !

– Poussez-vous ! Laissez passer les malades !

– Mais nous aussi, on est malades. On veut le voir et l'entendre !

– S'il guérit les malades, c'est un signe de Dieu ! murmure-t-on parmi ceux qui se bousculent pour entrer.

– Je veux toucher Jésus pour être béni, pour être guéri, clame Jérémie.

– Nous n'arriverons jamais jusqu'à lui, il y a trop de monde. Jérémie, pour que Jésus te voie, on va descendre ton brancard par le toit. Vous autres, aidez-moi à le hisser jusque sur la terrasse !

Ruben, avec trois autres hommes, hisse le brancard de son ami. Il sait que Jésus peut le délivrer de son mal et de sa souffrance.

Alors, Ruben n'hésite pas, il coupe les roseaux et les branchages du toit pour descendre le brancard avec des cordes.

– Tiens bon, Jérémie, souffle-t-il à son ami. Je suis certain qu'il t'écoutera.

– Jésus, Jésus, sauve-moi.

Jésus soudain sursaute. Il aperçoit le toit troué et le brancard que l'on descend. Il se lève et s'approche aussitôt de cet homme qui veut le rejoindre par tous les moyens.

Simon, lui, est furieux : maintenant il va falloir réparer cela !

– Décidément, les gens du peuple se croient tout permis, chuchotent les scribes venus discuter de la Loi avec Jésus.

Mais Jésus, lui, est touché par l'entêtement de Jérémie et de ses amis. Alors, il lui prend la main :

– Parce que tu crois que Dieu peut rendre vivant ce qui est mort, rendre sain ce qui est malade, alors, tout ce que tu as fait de mal, je te le pardonne. Lève-toi, Jérémie, et marche.

Et aussitôt le malade se lève. Le voilà debout, là !

– Rabbi, tu m'as sauvé.

– Maintenant, lui dit Jésus en riant, ressors par la porte, Jérémie !

En le voyant sur ses deux jambes, ceux qui attendent dehors n'en croient pas leurs yeux.
– Béni soit Jésus ! crient-ils.
Ils en sont certains, grâce à lui, Dieu répondra à leurs appels.
Mais les scribes, eux, sont en colère :
– Comment ce Jésus peut-il prétendre pardonner le mal que quelqu'un a commis ? Dieu seul peut pardonner.
Jésus devine ce qu'ils pensent et leur demande :
– À votre avis, est-ce qu'il est plus facile de pardonner ou bien de guérir au nom de Dieu ? Si aujourd'hui ce malade marche, c'est parce qu'il s'est tourné vers Dieu. Et Dieu s'est penché vers lui.

Jésus et les enfants

CD2
piste 07

Depuis bien longtemps, ils sont nombreux,
ceux qui viennent écouter Jésus, l'acclamer même.
Les aveugles lui font confiance et retrouvent la vue,
les boiteux marchent droit et les sourds entendent.
Et la nouvelle de ces signes de Dieu
se propage dans tout le pays.

Pourtant, les prêtres du temple et les scribes venus de Jérusalem ne sont pas d'accord avec ce que Jésus enseigne. Et puis, affirment-ils, il ne respecte pas la Loi de Moïse. Il mange avec les pauvres, les mendiants et même avec des gens pas très fréquentables. Il accepte aussi que des femmes le suivent.
– Rabbi, rabbi !
– Allez, écartez-vous ! grogne Simon. Vous voyez bien que Jésus est fatigué. Laissez-le tranquille !
Philippe et Thomas, deux des douze compagnons de Jésus, tentent de repousser ceux qui les ont suivis jusqu'ici avec leurs enfants.
– Rabbi ! Bénis mon fils !

Combien sont-ils à se presser ainsi autour de lui ?
– Allez, reculez, vous allez l'étouffer ! crie Simon.
Mais Jésus est ému devant ces tout-petits qu'on lui tend.
– Mais non. Laissez-les venir jusqu'à moi, au contraire.
Simon bougonne.

– Mais, Simon, tu as des enfants. André et Matthieu aussi ! poursuit Jésus. Écoutez-les rire. On dirait une source claire ! Et si vous étiez comme eux, disponibles à la parole de Dieu ? C'est vrai, je suis fatigué, nous avons beaucoup marché. Mais regardez-les avec amour, comme tous les petits et les faibles, ceux qu'on écarte ou qu'on laisse en chemin. Car, pour Dieu, ils sont grands !

Et les enfants se bousculent pour courir vers ce Jésus dont tout le monde parle.

« On dirait une bande de renardeaux qui chapardent des raisins dans les vignes », pense Simon.

Mais, en les regardant avec Jésus, comme il aimerait, Simon, redevenir aussi confiant que ces enfants…

LA GRAINE DE MOUTARDE

Simon ne comprend pas toujours
ce que lui explique Jésus, mais l'histoire
du petit grain de moutarde
qui devient un arbre,
il l'a retenue.

CD2
piste 08

Un soir, les douze compagnons de Jésus se sont assis en cercle autour de lui. Jésus leur raconte :

– Le Royaume de Dieu, c'est comme une graine de moutarde. Lorsqu'elle est semée sur le sol, elle est la plus petite de toutes les graines du potager. Mais bientôt elle pousse, pousse, et la voilà plus haute que toutes les autres plantes. En peu de temps, elle a des branches si grandes que les oiseaux du ciel peuvent venir faire leur nid sous son ombre. Vous avez compris ce que je veux vous dire ?

– Oui, lui répondent-ils, hésitants. Le Royaume de Dieu commence maintenant, avec toi, quand tu guéris les malades, quand tu pardonnes à ceux qui font le mal.

– Et ce Royaume, il va grandir ? C'est ce que tu veux dire ?

– Mais qui sont les oiseaux ? demande Matthieu.

Et tous rient.
Ce sont peut-être eux, les oiseaux !
Les messagers de Dieu.

LA PEUR DES AMIS DE JÉSUS

Ce soir, la nuit est sombre. Il fait froid.
Les douze compagnons ont rejoint Jésus
chez un de leurs amis à Césarée de Philippe,
près des sources du Jourdain.
Mais ils sont découragés.

CD2
piste 09

André s'inquiète :
– Tu nous as envoyés pour annoncer ce que tu nous as dit sur le Royaume de Dieu, et on nous ferme la porte au nez !
– N'ayez pas peur ! les rassure Jésus. Cherchez avec confiance un royaume où enfin les plus pauvres mangent à leur faim, où ceux qui sont doux ont leur place dans un monde en paix, où ceux qui pleurent sont consolés, où ceux qui combattent l'injustice triomphent. Vous serez heureux, si vous êtes de ceux-là. Ne vous découragez pas, même si l'on vous insulte à cause de moi, à cause de la parole de Dieu.

Judas insiste :
– Est-ce que c'est avec la parole de Dieu qu'on sera libérés de nos ennemis ? Les foules te suivent et croient en toi, alors soulève le peuple contre l'armée romaine !
Tous se tournent vers Jésus, mais il se tait.
– Comme c'est difficile d'annoncer un royaume de justice où l'on ne recherche que la paix, pense-t-il.

Et Jésus sort seul dans la nuit pour prier Dieu, son Père :
– Mon Dieu, que ton nom soit béni. Donne-nous chaque jour ton amour, dont nous avons besoin comme du pain que nous mangeons. Pardonne à chacun ce qu'il fait de mal pour que nous pardonnions nous aussi à ceux qui nous offensent, aide-nous à chercher le bien malgré les embûches pour que ton règne arrive enfin.

Le lendemain matin, Simon dit à Jésus :
– J'ai réfléchi, cette nuit. Je sais qui tu es. Tu es celui que l'on attend tous, le Messie, l'Envoyé de Dieu. Je te suivrai, partout où tu iras.
– Simon, tu sais, toi aussi, tu me renieras parce que tu auras peur, répond Jésus tristement. Une nuit, tu me trahiras avant même que le coq ne chante pour annoncer le lever du jour…
– Jamais, je te le promets, jamais !
Et Simon serre Jésus dans ses bras.

– Simon, sois comme un rocher.
Témoigne de ce que tu as vu et entendu,
sois comme une pierre dressée qui marque
le chemin du Royaume de Dieu.
À partir d'aujourd'hui, tu t'appelleras Simon Pierre.
Et Simon, soudain, est tout ému
par ce nouveau nom.

L'HISTOIRE DE LA BREBIS PERDUE

Bien des semaines sont passées et même des mois.
Simon et les autres compagnons suivent toujours Jésus
et apprennent avec lui à comprendre qui est Dieu…

CD2
piste 10

Aujourd’hui, Jésus demande à ses compagnons :
– Si vous aviez cent brebis et si vous en perdiez une seule, lequel d’entre vous abandonnerait les quatre-vingt-dix-neuf autres pour aller chercher celle qui s’est perdue ?
– Pas moi ! dit Simon. Laisser tout le troupeau pour une seule bête ?
Alors Jésus continue :
– Je connais pourtant un berger qui cherche sa brebis, lui. Quand il l’a retrouvée, il la porte sur ses épaules, car elle est fatiguée d’avoir marché sans savoir où aller. Puis il annonce tout joyeux à ses amis : « Regardez, j’ai retrouvé ma brebis ! » Ses amis sont contents pour lui, et ils font une grande fête.

– Une grande fête pour une seule brebis ?
– Oui, répond Jésus. Et ce berger-là, c’est Dieu. Celui qui s’est perdu loin de Dieu à cause du mal qu’il fait, Dieu ne l’abandonne pas. Il le cherche où qu’il se trouve, comme le berger de cette histoire. Il le cherche, il l’appelle, et l’homme soudain se tourne vers Dieu pour qu’il lui pardonne. Il y aura une grande fête pour cet homme-là. Car Dieu l’aime autant que le reste de son petit troupeau de justes, les quatre-vingt-dix-neuf brebis de l’histoire, celles qui lui sont fidèles.

CELLE QUI VOULAIT VOIR JÉSUS

Jésus va de village en village pour parler de Dieu.
Il guérit les malades, prie dans les synagogues,
mange avec tous ceux qui ont besoin de lui.
Il accepte de rencontrer aussi
ceux qui se méfient de ce qu'il dit.
Un jour, il se rend chez un pharisien,
un juif attentif à la Loi.

CD2
piste 11

JÉSUS VIENT À PEINE D'ENTRER dans la maison du pharisien, de s'allonger sur sa natte et de se laver les mains pour partager son repas, qu'une femme arrive. Elle sait que Jésus est là. Il faut qu'elle le voie. Sa vie n'est pas toute droite, elle ne respecte pas tellement la Loi, elle n'est pas vraiment fréquentable.

Le pharisien, furieux, n'en croit pas ses yeux. Cette femme a osé entrer chez lui, dans sa maison, et même apporter du parfum comme une coquette des bas quartiers ! Et voici qu'elle en verse sur les pieds de Jésus en pleurant !

– S'il était vraiment prophète, ce Jésus, il saurait quelle sorte de femme est à ses pieds, pense le pharisien.

Alors Jésus demande au pharisien :
– As-tu versé de l'eau sur mes pieds en signe de bienvenue, lorsque je suis entré chez toi ?
– Non, répond-il, gêné.
– Regarde cette femme, elle les a lavés de ses larmes, essuyés de ses cheveux. Tu m'as donné un baiser de paix en signe d'hospitalité ?
– Non, non, bégaie-t-il.
– Tu étais trop préoccupé par ta réputation et par ce qui est bien ou mal selon la Loi. Mais elle, elle verse du parfum sur mes pieds et les embrasse, elle sait que Dieu m'a choisi pour annoncer un Royaume de justice.

Le pharisien est rouge de confusion. Voilà qu'on vient lui faire la leçon dans sa propre maison !

Mais Jésus insiste :

– Crois-moi, cette femme sera pardonnée à la mesure de son amour. Femme, dit Jésus en la regardant droit dans les yeux, c'est ta confiance en moi et en Dieu qui te sauve. Pars en paix désormais. Ce que tu as fait de mal dans ta vie est effacé.

Tu es pardonnée. Marche, marche debout devant Dieu.

Quand d'autres pharisiens apprennent ce qui s'est passé chez l'un deux, ils sont furieux. Mais Jésus poursuit son chemin, rencontrant tous ceux qui veulent entendre la parole de Dieu.

EN ROUTE VERS JÉRUSALEM

À l'approche de la grande fête
de la Pâque, Jésus décide d'aller
jusqu'à Jérusalem prier au temple.
Il envoie Simon et André dans un village
proche de leur campement
chercher un petit ânon
qui lui servira de monture.

CD2
piste 12

IL EST À PEINE EN MARCHE vers Jérusalem que ceux qui le suivent depuis longtemps l'acclament.

– Regardez la foule ! s'enthousiasme Simon. On agite des palmes et on étend des manteaux sur son passage ! On dirait le roi David montant au temple de Jérusalem. Les rois d'Israël ne sont-ils pas entrés eux aussi sur un petit âne ? C'est un signe !

– Vous entendez ce qu'ils crient ? demande André. « Jésus, fils de David, roi d'Israël, sauve-nous ! Béni soit celui qui vient au nom du Seigneur. » Des pharisiens furieux demandent à Jésus de faire taire la foule, mais Jésus refuse. Simon est heureux de tout ce qui se passe. Toutes ces louanges, tous ces gens pour son rabbi, c'est une journée bénie de Dieu !

Jésus arrive enfin à Jérusalem, mais l'enceinte du temple est envahie par les marchands d'agneaux et de tourterelles et par les changeurs d'argent pour les pèlerins venus faire leur offrande. Ils interpellent les gens comme sur une place de marché.

Jésus est indigné :

– Est-ce bien là la maison de Dieu, la maison de mon Père ?

Brusquement, il renverse leurs étals et les chasse à coups de corde en criant :

– Vous ne savez donc pas ce qui est écrit dans les textes sacrés ? *Ma Maison sera une maison de prière.* Et vous, vous en avez fait un repaire de voleurs !

– Il a raison ! crient les pèlerins en colère.

Les pharisiens ont peur et les soldats romains aussi. Si ce Jésus provoquait une émeute ? La foule est avec lui…

Simon attend Jésus depuis des heures déjà, la foule était si nombreuse qu'il n'a pas pu rester avec lui. Soudain, il l'aperçoit et il se souvient de ce que disait le prophète Isaïe : *Voici notre Dieu, c'est lui qui vient nous sauver ! Les oreilles des sourds, les yeux des aveugles s'ouvrent, le boiteux bondit comme un cerf et le muet soudain crie de joie*… Et Simon court rejoindre Jésus.

– La paix sur toi, Simon. Demain nous fêterons la Pâque tous ensemble à Jérusalem.

– Rabbi, dit Simon, subitement grave, j'ai peur.

– Mais pourquoi ? demande Jésus.

– J'ai peur pour toi, qu'il t'arrive quelque chose !

**– Crois-moi, Simon, répond Jésus.
Quoi qu'il arrive, je serai toujours avec vous.
Est-ce qu'un berger abandonne
son petit troupeau au loup ?**

LA FÊTE DE LA PÂQUE

– Comme je suis heureux de partager
ce repas de la Pâque avec vous ! dit Jésus.
Les douze compagnons se réjouissent
d'être là, ce soir, à Jérusalem, avec lui.
Seul Simon perçoit dans sa voix
quelque chose de grave.

CD2
piste 13

JÉSUS PREND ALORS SUR LA TABLE le pain azyme. Il le partage, récite les bénédictions de la Pâque et les textes sacrés. Mais il ajoute :
– Prenez ce pain, mangez-le, c'est mon corps.
Puis il prend la coupe de vin, il leur fait passer et reprend :
– Ce vin, buvez-le, c'est mon sang. Le pain et le vin sont les signes d'une nouvelle alliance avec Dieu.
Les douze sont étonnés par ces paroles solennelles. Ils ne comprennent pas vraiment ce qu'il veut dire, mais ils partagent le pain et boivent chacun leur tour le vin de la coupe.
Les prières terminées, Jésus se penche vers Judas :
– Va, fais ce que tu as à faire, Judas, lui dit-il.
Sa voix est si calme, si triste que Simon en est un instant troublé. Judas, lui, semble inquiet. Puis tous repartent dans la nuit, vers leur campement au mont des Oliviers, sans Judas.
– Quelle belle fête de la Pâque, cette année ! pense André.

Ensuite, tout va très vite.

Judas, quelques heures plus tard, revient au campement avec des soldats de la garde. Ils arrêtent aussitôt Jésus.

Mais pourquoi Judas le trahit-il ? Simon ne comprend rien.

Ensuite, on interroge Jésus, toute la nuit. Les soldats le frappent.

Mais à cause de quoi ?

Le conseil des Anciens, les grands prêtres du temple, les scribes sont là pour le juger. Mais qu'ont-ils à lui reprocher ? Ils l'ont entendu enseigner partout que le Royaume de Dieu est un royaume de justice. Ils ont vu les malades que Jésus a guéris. Est-ce que ce ne sont pas des signes de Dieu pour eux ? Est-ce que ce n'est pas agir selon la Loi que de donner à manger à ceux qui ont faim, d'offrir à boire à ceux qui ont soif, d'accueillir les étrangers, de visiter les malades et les prisonniers ? Mais Jésus a pardonné à chacun ce qu'il avait commis de mal. Et Dieu seul peut pardonner. Ce Jésus a donc agi contre la Loi et contre Dieu. Et il a été aussi d'une liberté trop grande dans le temple.

On envoie alors Jésus devant le gouverneur romain, Pilate, pour qu'il le mette à mort. Tous ceux qui l'accusent lui demandent :
– Est-ce que tu es le fils de Dieu, le roi des Juifs ?
Jésus se tait. Il ne répond ni aux questions, ni aux insultes.
Certains alors, dans la foule, crient :
– À mort !
Simon se bouche les oreilles et son cœur se met à battre trop vite.
– Pas lui, mon Dieu, pas lui, le Juste, le Rabbi, le Messie.
Mais soudain quelqu'un l'interpelle :
– Tu étais, toi, avec le Galiléen, avec ce Jésus de Nazareth !
Simon prend peur, ils vont l'arrêter, le torturer, lui aussi. Il tremble, il se cache le visage.
– Moi ? répond-il. Je ne le connais pas !
Soudain, dans le petit matin qui se lève, il entend le coq chanter. Simon s'enfuit en pleurant. Il vient d'abandonner son meilleur ami, son rabbi.

Les soldats emmènent Jésus hors de la ville pour le pendre sur une croix comme deux autres condamnés à mort. Où sont ses compagnons, ses amis ? Ils se sont enfuis, terrorisés…
Seul, abandonné, Jésus prie Dieu,
son Père : qu'Il pardonne à tous
leur lâcheté,
leur trahison,
leur injustice,
leur haine,
leur violence.

Malgré les gardes menaçants,
quelques femmes l'ont suivi jusqu'à la croix.
Marie, sa mère, est là et elle crie de douleur.
Jean, un des compagnons que Jésus aimait tant,
pleure à ses côtés. Jésus est mort.

Quelques amis sont venus à la nuit tombante, pour descendre Jésus de la croix. Ils ont couché son corps dans une tombe creusée dans le roc. La lourde pierre qui en ferme l'entrée a été roulée. Tout est fini. Simon et les autres compagnons de Jésus se cachent dans une maison de Jérusalem.

À l'aube, une jeune femme s'est rendue au tombeau de Jésus pour enduire son corps d'aromates et de parfums comme on le fait pour tous les morts. C'est Marie-Madeleine.

Dans le petit matin, elle pleure celui qu'elle appelait son Seigneur. Le vent se lève, elle frissonne. Soudain elle pousse un cri, la tombe de Jésus est ouverte ! La pierre a été roulée sur le côté. Où est le corps de Jésus, qui l'a enlevé ?

Et, tandis qu'elle se lamente, un homme s'approche d'elle :

– Femme, qui cherches-tu ? lui demande-t-il.

– Jésus, celui qui a été crucifié il y a deux jours, répond-elle en sanglotant. Son corps a disparu.

– Femme, pourquoi pleures-tu ? Ne devrais-tu pas être joyeuse au contraire ? Car je suis là avec toi.

– Seigneur, mon rabbi !

– Cours dire à Simon, André, Jacques et à tous ceux qui m'ont suivi que je vais vers mon Dieu, mon Père, mais que je suis avec vous pour toujours.